经典百年海战大观

塔兰托之夜

田树珍★编著

民主与建设出版社
·北京·

© 民主与建设出版社，2023

图书在版编目（CIP）数据

塔兰托之夜 / 田树珍编著. -- 北京：民主与建设出版社，2018.7（2023.4 重印）

（经典百年海战大观）

ISBN 978-7-5139-2016-2

Ⅰ.①塔… Ⅱ.①田… Ⅲ.①第二次世界大战战役—海战—史料 Ⅳ.① E195.2

中国版本图书馆 CIP 数据核字（2018）第 040948 号

塔兰托之夜
TALANTUO ZHIYE

编　　著	田树珍
责任编辑	彭　现
封面设计	朝圣设计
出版发行	民主与建设出版社有限责任公司
电　　话	（010）59417747　59419778
社　　址	北京市海淀区西三环中路 10 号望海楼 E 座 7 层
邮　　编	100142
印　　刷	湖南汇龙印务有限公司
版　　次	2018 年 7 月第 1 版
印　　次	2023 年 4 月第 2 次印刷
开　　本	710 毫米 × 1000 毫米　1/16
印　　张	15
字　　数	180 千字
书　　号	ISBN 978-7-5139-2016-2
定　　价	39.80 元

注：如有印、装质量问题，请与出版社联系。

前 言

大海战 100 年

美国杰出的军事理论家马汉于 1890—1905 年间提出了制海权理论，其核心是"谁能控制海洋，谁就能控制陆地，进而控制整个世界"。因此，掌握全面制海权不仅是海军的核心任务，更是国家的战略目标，人类近代海战史充分印证了马汉这一理论。

近百年来，以美国、英国、法国、德国、意大利、日本为首的军事强国都在优先发展海上力量。在第一、第二次世界大战及近代几次战争中，这些国家通过海上封锁、破坏对方海上运输线、海上决战等方式，在一定海域内获得了制海权，进而实现了控制相关陆地的战略目的。

这其中，留给我们印象最深刻的是两次世界大战，无论是作战规模、作战样式，还是战争的惨烈程度都是空前的。在这两场战争中，海战这一古老的战争类型，由于使用了新武器、新装备，发生了革命性的变化。当德国的"俾斯麦"号和"提尔皮茨"号、日本的"大和"号和"武藏"号、英国的"威尔士亲王"号等超级战列舰被奉为"海战之王"时，以美国为代表的航空母舰及其战斗群横空出世，在一场场血与火的搏杀中表现出色，为美国最终赢得太平洋战争立下汗马功劳，名正言顺地取代了战列舰成为新的"海上霸主"。同时，随着人类科学技术的不断进步，核潜艇的出现又彻底打破了固有的海战模式，其强大的战略、战术威慑力，使之成为令人生畏的深海杀手。

为了再现近百年的大海战全景，我们精心推出"经典百年海战大观"系列丛书。这套书详细地再现了近百年来海战中的经典战例、著名战舰以及一些鲜为人知的人物故事，共20册，每册讲述一个独立的海战故事，书中涉及日德兰之战、珍珠港之战、珊瑚海之战、中途岛之战、瓜达尔卡纳尔之战、莱特湾之战、马里亚纳群岛之战、围歼"俾斯麦"号战列舰之战等海战史上至今仍然被人们津津乐道的经典战役。

进入21世纪，中国人民解放军海军迅速发展壮大，有力地保卫了祖国海防，但中国海军依然任重道远。要保护我们国家的利益，需要建设强大的海军，需要我们比以往任何时候都更加关注海洋、了解海战的历史。

目 录

第一章
对峙"意大利内湖"

★在埃及亚历山大港，英国地中海舰队总司令达德利·庞德开始进行作战准备，决定一旦墨索里尼在战争中支持其轴心国同伙作战，他们就对意大利舰队实施攻击。

★在白白浪费几年时间后，意大利海军终于认识到，只有建造真正有效的条约型战列舰，才能够保证其在地中海的地位。

★庞德所承受的压力在各个时期都是最大的，倘若有一个压力没扛住，都可能葬送整个大不列颠，虽然地中海远离大不列颠。

★鉴于德国进攻法国取得的成功，意大利越来越摆出威胁的架势，英国迫切需要重新组建地中海舰队，遏制意大利舰队，并控制住地中海。

1. 意大利背后捅刀子 / 002
2. 强大的意大利舰队 / 013
3. 恶化的地中海局势 / 026

第二章
拉开战役序幕

★ 希特勒在欧洲大陆发动了侵略战争，墨索里尼也按捺不住，狂妄地叫喊着"要让意大利空军和海军的马达声压倒一切声音"，要把地中海变成"意大利的内湖"。

★ 17点15分，萨默维尔向法国旗舰"敦刻尔克"号战列巡洋舰发出最后通牒："17点30分，若仍然拒绝我方建议，我将击沉你方舰艇。"

★ 法国"斯特拉斯堡"号战列巡洋舰在烟幕的掩护下，向港外冲去。英国舰队发现后，从"皇家方舟"号航空母舰上起飞6架鱼雷轰炸机对其进行拦截。

★ 意军巡洋舰群与英军展开激烈炮战，意军战列舰则遭到英军"皇家方舟"号航空母舰舰载机的攻击，康姆皮翁尼一边请求空军支援，一边指挥舰队施放烟幕，相互掩护撤退。

1. 形势恶化 / 032
2. 周旋于地中海 / 042
3. 出击，必须出击 / 058

目录

第三章
判决"行动

★ 早在1935年意大利入侵埃塞俄比亚时,英国海军就制订了以舰载机攻击塔兰托军港意大利军舰的计划。

★ 如果把意大利海军比做一柄剑,那么塔兰托瘫痪了,这柄剑也就卷了刃。

★ 航拍照片上神秘的小白点会不会是保卫伦敦时所使用的那种拦阻气球?

★ 精心安排的攻击时间表不巧被一点意外迸起的火星焚之一炬,在备战中,英国军队发生了事故。

1. 鱼雷,鱼雷攻击 / 070
2. 意大利"剑刃" / 083
3. 神秘"白色斑点" / 093
4. "判决"延期 / 102

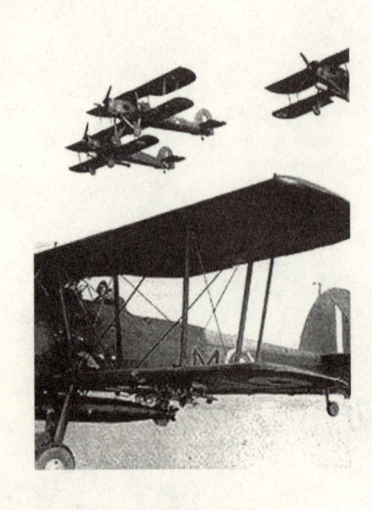

第四章
夜袭塔兰托

★战斗的帷幕拉开了，"塔兰托之夜"永远留在了意大利人的记忆里。

★意大利人困惑了，英国一艘或数艘航空母舰怎么就能够接近到对塔兰托实施突击的距离以内而又不被空中侦察机发现呢？

★"塔兰托之夜"，意气风发的英国人同时收拾了4艘倒霉的意大利商船。

★最初，收到这些用密码书写的、反映这场巨大胜利的战斗报告时，英国海军部甚至都不敢相信是真的。

1. 捅翻"马蜂窝" / 126
2. 第二波攻击 / 154
3. "另路"袭击 / 170
4. 惊人的胜利 / 179

第五章
无情"判决"

★复仇者来了！敌机选择"光辉"号航空母舰作为主要目标。12点38分，敌机开始了攻击。由3架飞机组成的飞行小组离开编队，一架从舰尾方向攻击，另外两架分别从两个正横方向攻击，动作十分协调。

★冒着厚厚的浓烟，身受重伤的"光辉"号航空母舰由3艘拖船拖带，驶过防波堤上的圣埃尔莫灯塔。

★塔兰托之战表明，飞机可以成为支配海上作战的决定性武器。一年之后，日本联合舰队偷袭珍珠港取得重大胜利，其作战方式，与夜袭塔兰托如出一辙。

1. 复仇者来了 / 196
2. 疯狂反扑 / 209
3. 不失典范 / 217

第一章
对峙"意大利内湖"

★ 在埃及亚历山大港，英国地中海舰队总司令达德利·庞德开始进行作战准备，决定一旦墨索里尼在战争中支持其轴心国同伙作战，他们就对意大利舰队实施攻击。

★ 在白白浪费几年时间后，意大利海军终于认识到，只有建造真正有效的条约型战列舰，才能够保证其在地中海的地位。

★ 庞德所承受的压力在各个时期都是最大的，倘若有一个压力没扛住，都可能葬送整个大不列颠，虽然地中海远离大不列颠。

★ 鉴于德国进攻法国取得的成功，意大利越来越摆出威胁的架势，英国迫切需要重新组建地中海舰队，遏制意大利舰队，并控制住地中海。

1. 意大利背后捅刀子

意大利位于欧洲南部亚平宁半岛，濒临地中海，于19世纪末20世纪初进入帝国主义阶段，是第一次世界大战后第一个用武力向外实行侵略的欧洲国家，也是发动第二次世界大战的法西斯国家。

1935年10月3日，意大利出动30万大军入侵非洲埃塞俄比亚，组建意属东非帝国。1936年，意大利伙同德国公开武装干涉

1935年，意大利军队在埃塞俄比亚马卡莱升起意大利国旗

希特勒和墨索里尼

西班牙内战,并于同年10月25日同德国签订条约,结成"柏林—罗马轴心"。

1936年11月,德日签署了《反共产国际协定》。根据协定规定,在反对共产国际方面,两国必须"交换情报""紧密合作"。这是德国、日本两个法西斯国家发动第二次世界大战的重要步骤。通过这个协定,德国、日本两国法西斯在反苏反共旗帜下建立了公开的军事联盟,联合起来以实现其重新瓜分世界、称霸全球的野心。

一年后，意大利也加入这一协定。德国、意大利、日本三国轴心正式形成。此后，匈牙利、西班牙、保加利亚、芬兰、罗马尼亚、丹麦以及斯洛伐克、克罗地亚的傀儡政权都加入了该协定。

20世纪30年代后期，欧洲战云密布。1939年9月1日，德国向波兰发动大规模进攻。德军出动60万人，2800辆坦克，2000架作战飞机，分3路入侵波兰。德军航空兵首先突击了波兰的21个机场，使波军824架飞机大部分被摧毁。9月3日，英国、法国等国对德宣战，第二次世界大战爆发。

英国、法国曾对波兰的独立做过保证，因此当希特勒于1939年9月对波兰发动进攻时，英国、法国对德宣战就不可避免了。当时，尽管墨索里尼大肆鼓噪，发出战争叫嚣，但仍保持中立。这样，外交界对墨索里尼抱了一线希望，认为他会谨慎行事而不致挥动干戈。英国地中海舰队的舰艇也因此陆续调离，去执行其他任务。

德国法西斯在连续侵占了波兰、丹麦、挪威、荷兰、比利时、卢森堡等国家之后，进一步占领了法国北部。1940年5月26日至6月4日，被德军包围在法国敦刻尔克地区的英法联军约40个师，被迫从海上乘船向英国本土大撤退。经过一番努力，他们共撤出了338000多人，武器辎重丢失殆尽。

德军席卷西欧法国北部后，于6月3日至4日，以大量航空兵空袭法国南部各机场和重要目标，摧毁了法国空军900架飞机，夺

第一章 对峙"意大利内湖"

德军穿越法国凯旋门

取了制空权。接着，德军于6月5日拂晓，在180公里正面，分A、B两个集团军向南实施强大进攻。两路德军迅速包抄了法国首都巴黎。6月10日，德军渡过塞纳河，法国政府逃出巴黎。

意大利见德军一路凯歌，觉得此时天时、地利、人和都具备，是不可错过的好机会。因此在没做好战争准备（连具体的计划都没有）的情况下，墨索里尼想在法国后背捅几刀，抢夺一些好处，于是乘机对法国和英国宣战，并派兵越过阿尔卑斯山侵入法国南部，加入德军一方作战。

德法两国代表签订停战协议

6月22日，法国投降，德法两国签订了停战协议；6月24日，意法停战协定也在罗马签字。有150万~190万法军被俘。法西斯德国用"闪电战"对西欧大陆的侵略行动只用了44天就宣告胜利完成。

1940年9月27日，德国、意大利、日本在柏林签订"三国公约"，结成"柏林—东京—罗马"轴心国侵略集团。

意大利参战和法国沦亡，给在地中海的英国海军造成了很大困难。原来英法两国商定，在地中海战区，以马耳他岛为界，以东由法国舰队负责，以西由英国舰队负责。希特勒于1938年9月入侵捷克斯洛伐克时，英国舰队停泊在地中海和驻泊在马耳他的船舰开往埃及亚历山大港。在亚历山大港，地中海舰队总司令达德利·庞德爵士开始进行作战准备，决定一旦墨索里尼在战争中支持其轴心国同伙，他们就对意大利舰队实施攻击。现在，英国要独立担当整个地中海地区抗击法西斯的重任，主要对手就是意大利海军。

★反共产国际协定

《反共产国际协定》是第二次世界大战前，德国、意大利、日本3个法西斯国家勾结的协议。1936年，德意秘密签订《德意议定书》，加强在对外侵略过程中的合作，形成了"柏林—罗马轴心"。

1936年11月25日，日本和德国在柏林签订了《反共产国际协定》。发动侵略战争，重新瓜分世界，是日本和德国法西斯早已确定的方针。1933年1月，希特勒上台就着手于侵略战争准备，提出

经典 百年海战大观 塔兰托之夜

德国法西斯阅兵式

"大炮代替黄油"的口号，疯狂进行扩军备战，把经济迅速推上了军事化轨道。1933年，希特勒宣布退出日内瓦国际裁军会议，不久又退出了国际联盟，摆脱了国联对德国扩军备战的一切限制。1935年，希特勒进一步颁布了《国防法》，实施普遍义务兵役制，最大限度地扩大了兵源，使德国成了欧洲的战争策源地。在东方，日本法西斯化的步伐也很快。1936年3月，法西斯分子、日本前外相广田弘毅组阁，表明日本军事法西斯专制体制已经形成。当时，他们公开提出对外扩张要求，把对外发动侵略战争作为谋求"帝国的生存和发展"的基本国策。

东西两个法西斯帝国结成军事联盟，目的是为了平分世界。之所以打着反苏反共的旗号，一方面是他们确实要反苏反共，另一方面是为了掩人耳目，避免过早地刺激其他帝国主义国家。果然，西方帝国主义国家上了当，听凭其军事力量发展，结果养虎为患，酿成了第二次世界大战。

在制订进攻苏联计划的过程中，希特勒首先需要协调德国同日本和意大利的行动。按照希特勒的设想，日本应当牵制美国，不让它投入欧洲战场；应当牵制苏联几十个师和大部分空军，使他们无暇兼顾。而德国已与意大利于1939年5月订立军事同盟，即《钢铁条约》。

为了使协调三国行动的想法得以实现，希特勒在外交上利用了日本想分享德国和意大利"战果"的愿望，决定同日本订立军事同盟。

德日谈判于1940年9月9日在东京举行。代表日本的是外相松冈，代表德国的是施特默尔和奥特两位大使。9月18日，里宾特洛甫前往罗马，说服墨索里尼和齐亚诺同意加入德日军事同盟。

1940年9月27日，德国、日本、意大利军队同盟条约在东京签署，谈判宣告结束。

三国条约公布的文本说：日本承认并尊重德国与意大利建立欧洲"新秩序"之领导权，德国与意大利承认并尊重日本建立东亚"新秩序"之领导权。缔约国之一方如遭受未参与欧战或中日"冲突"之大国攻击时，三国保证以政治、经济、军事之一切手段互相支援。在谈判期间，德日两国政府还以互换照会的形式就南洋问题签署了许多秘密协定。德日两国代表商定，一旦日本与英国发生武装冲突，"德国将尽其所能，以所拥有的一切手段援助日本"。希特勒一伙同意，曾处于日本委任统治之下的德国过去在南洋的殖民地仍由日本管辖，但以德国得到一定补偿为条件。

德国以前在南洋的其余殖民地，于欧战结束之后由德国收回，然后再与日本政府讨论它们的分属问题，尽可能照顾日本的利益，日本为此应向德国提供相应的补偿。与此同时，德日还签署了建立三个委员会的协议，建立所谓总委员会和两个技术委员会，即军事委员会和经济委员会。总委员会由德意两国驻日本大使参加，设署东京办公，以日本外相为主席。在柏林和罗马也拟设立同样的委员

第一章 对峙"意大利内湖"

德国、日本、意大利军事同盟条约签字仪式

会。军事委员会也设在东京，由日本的陆海军代表和德意两国大使馆的陆、海、空三军武官组成。在柏林和罗马也设立同样的委员会。

总委员会的目的是协调三国的政策；军事委员会和经济委员会的任务是解决协同作战和相互进行经济援助问题。

协定包括3条正文、附属议定书和秘密附件。主要内容有：缔约国相约互通关于共产国际活动的情报，并紧密合作、协议和采取必要的防止措施；对"受共产国际威胁的第三国"采取防止措施或共同邀请其加入本协定；设置常务委员会，协议反共事宜。秘密附件规定：当缔约国一方遭到苏联进攻或进攻威胁时，另一方不得采取任何有利于苏联的行动，并立即商讨"保护共同利益"的措施；未经双方同意，不得与苏联缔结违背本协定精神的任何政治条约。该协定的签订是德国、日本、意大利法西斯为扩大对外侵略相互借助力量的产物，标志着法西斯侵略集团的初步形成。

2. 强大的意大利舰队

根据 1922 年在华盛顿签署的《限制海军军备条约》，意大利获得了 177800 总吨战列舰的份额。虽然总吨位只有英美的 1/3，可意大利全部的新式无畏舰加在一起也达不到这个数字。

意大利海军决定保留 182800 总吨的战列舰，其中包括 6 艘无畏舰和 4 艘老式的前无畏舰。和当时其他海军强国一样，意大利当

《限制海军军备条约》签约现场

时也有战列舰扩建计划。他们准备建造4艘装备8门381毫米主炮的弗朗西斯科·卡拉斯里奥级战列舰。但把持华盛顿会议的英美日三大海军强国却采取了"只许州官放火，不许百姓点灯"的政策，他们自己建造了7艘406毫米主炮的战列舰，却坚决要求意大利和法国停止建造一切新战列舰。

意大利政府虽然感到愤怒，却也无可奈何：糟糕的国内财政收入根本无法保证完成弗朗西斯科·卡拉斯里奥级战列舰。相对的，法国的经济状况也不允许继续建造诺曼底级战列舰。作为补偿，《华盛顿海军条约》允许意大利和法国在1927年、1929年、1931年间建造新的主力舰，但主炮口径不允许超过406毫米，单舰排水量最大为35560吨，在新旧战列舰总吨位不超过177800吨的情况下，不限制建造数量。

很快，意大利海军装备的军舰就已经明显地老旧了。意大利海军工程部门于1928年提出了一个23000吨级的战列舰的初步设计方案，主要性能如下：标准排水量23369吨，长195米，宽29米，吃水8米；3座双联装381毫米主炮塔，4座双联装152毫米副炮塔，6座双联装100毫米高射炮和2架水上飞机；航速28～29节。

与排水量较小的相比，23000吨级的战列舰的设计具有较强火力和较高航速，但在很大程度上放弃了装甲防护性能，续航力也比较弱。紧接着，意大利海军工程监察处于1928年6月在拉斯佩齐亚的试验基地里，进行了45367号袖珍战列舰设计的模型试验。该

第一章 对峙"意大利内湖"

特兰托级重巡洋舰

方案具体情况不详，只知道设计标准排水量为 26200 吨，很可能是 23000 吨级的战列舰的放大改进型。当年，意大利海军也对 35000 吨的条约型战列舰进行了初步探索，他们期待在新军舰上安装 6 门 406 毫米主炮，航速达到 29～30 节，并且可以抵御 406 毫米炮弹的攻击。

意大利海军还认为，排水量更大的舰有利于获得更优良的装甲和水下防御性能，因而热切希望新舰能够达到特兰托级重巡洋舰 35 节的高航速。但由于政治上的原因，意大利并不想抢在法国之前建造战列舰。

1930 年，伦敦限制海军军备会议没有打破未来战列舰的模式。英国人提出的将战列舰限制在 25000 吨和 305 毫米主炮的建议遭到

德意志级袖珍战列舰

了与会各方一致反对。虽然意大利海军在一战中与法国海军并肩作战，但其一直执行着与法国海军在地中海保持均衡的海洋战略。意大利决定放弃建造袖珍战列舰，因为意大利明白：世界海军格局不可能由它来决定，只有其他国家建造类似的军舰，它的袖珍战列舰队才可能成为与别国海军抗衡的有效力量。

到1932年，日耳曼人和高卢人先后开禁。德国下水了3艘装备283毫米主炮的德意志级袖珍战列舰，法国开工了2艘更强的敦克尔刻级战列舰，装备了两座四联装330毫米主炮塔，航速可达30节。在这种情况下，即使意大利海军将老式的加富尔伯爵级战列舰和杜利奥级战列舰彻底翻新改进，也未必是法国海军的对手。

于是，意大利海军马上行动起来。热那亚的安莎尔多公司重新设计了一型袖珍战列舰——18000吨的770型。该舰的设计标准排水量和正常排水量分别为18289吨和19500吨，长185米、宽26.25米、吃水7.65米、型深13.3米。本来意大利海军要求新舰的火力必须超过敦克尔刻级战列舰，应安装8门343毫米炮，但是18000吨排水量的船体无论如何也无法安装如此的重装备。

不过意大利人也有自己的优势，他们在设计建造无畏舰时，已经积累了相当多关于三联装炮塔的技术和经验。安莎尔多公司就势设计了一种无畏舰：2座三联装343毫米主炮，首尾各一座，射界范围达300°；副炮是4座双联装152毫米炮——是当时意大利海军认为打击敌驱逐舰的最理想武器。

为了避免主炮和副炮炮口冲击波的影响，6座100毫米双联高射炮集中布置在中部上层建筑两侧。设计师们还准备在主副炮之间安装六联装37毫米高射机关炮，以加强防空火力。由于770型甲板空间有限，只能将鱼雷管布置在水下，其中舰首6具舰尾4具，发射口位置在深水吃水线上缘。后部鱼雷操作舱仅有25毫米厚装甲板防护，前部鱼雷舱则没有任何装甲防护。中部上层建筑两侧设有机库，有两具回旋弹射器，并可以携带4架水上飞机。

由于缺乏经验，安莎尔多公司为770型设计了2套不同防御系统供海军选择，标准是可以抵御203毫米炮弹攻击的。一套是一战水平的老式穹甲式防护，侧舷垂直装甲带280毫米、穹甲50毫米，

法国敦克尔刻级战列舰

水平防护性能为主装甲板50毫米，主炮弹药库水平装甲板75毫米，上部防破片装甲25毫米。另一套是参照英国纳尔逊级战列舰的防御体系改进而来的，侧舷外板设有一层70毫米垂直装甲带，内侧是一层210毫米倾斜侧装甲，水平防护与老式设计相当。770型舰体宽度有限，尽管采用了双锅炉并列的设计，其水下防御系统的宽度还是太小。

安莎尔多公司一共设计了4种不同类型的动力系统，包括蒸汽轮机—电动/双轴方案、柴油电动/四轴方案、蒸汽轮机—柴油电动/四轴方案和蒸汽轮机/四轴方案。无论使用哪套系统，都达到不小于80000轴马力的输出功率，都不能使军舰获得26节的航速。但使用柴油电动系统可以降低油耗，增加续航力。

随着敦克尔刻级战列舰工程的开展，意大利海军获得了越来越多该舰技术细节的情报。经过对比分析，意大利海军认为770型舰不足以与法国战列舰抗衡，决定重新设计一型与敦克尔刻级战列舰同一级别的26500吨战列舰。初步设计于1933年完成，基本技术数据为标准排水量26925吨，长200米、宽27.25米，4座双联装343毫米主炮、6座双联装152毫米副炮和4座四联装37毫米高射机关炮，航速29节，侧装甲带250毫米，三层装甲甲板合计50毫米；4架水上飞机，但没有机库。

尽管26500吨级的战列舰性能已经比770型提高不少，但在防空火力、装甲防护和航速上仍然没有达到敦克尔刻级战列舰的水平。而且，种种迹象表明，英国在未来几年内获得新式战列舰后，很可能会将部分老式战列舰部署到地中海基地。在白白浪费几年时间后，意大利海军终于认识到，只有建造真正有效的条约型战列舰，才能够保证地中海的战略均衡。

1933年年底，意大利海军提出了战列舰的技术要求：标准排水量为35562吨，应装备排水量允许的406毫米或381毫米主炮，装甲可以在18500～27500米距离以内抵御相当于本舰主炮穿甲弹的攻击，水下防御系统的防御水平是抗350千克TNT攻击，航速30节，续航力应保证军舰从主要基地出发至地中海任意海域都能往返航行，同时应有适度的战斗续航储备。新式战列舰的全部设计工作由意大利海军工程监察长乌蒙贝托·普列赛总负责。1934年年初，有几个不同的舰体设计入围，并在拉斯佩齐亚研究基地里进行了模型对比试验。

由于新舰的排水量比意大利以前建造的最大军舰都要大50%，对缺乏经验的意大利设计队伍来讲，这些不能不说是个极大的考验。不过由于没有太多老旧思想的桎梏，意大利工程师们最后反而设计出了一型在不少方面具有开创意义的战列舰。1935年6月21日，维托里奥·维内托级战列舰的全部设计及工程完成，上报海军工程处审查存档备案。维内托级战列舰一共开工了4艘，即"维内托"号战列舰、"里多利奥"号战列舰、"罗马"号战列舰和"帝国"号战列舰。

第一章 对峙"意大利内湖"

维托里奥·维内托级"帝国"号战列舰

意大利于1940年6月参战时,它的海军已成为一支不可小视的作战力量。由海军总司令伊尼戈·坎皮奥统辖的意大利海军,拥有5艘战列舰,1艘战列巡洋舰,7艘重巡洋舰,12艘轻巡洋舰,59艘驱逐舰,116艘潜艇,67艘重型鱼雷艇,13艘炮舰,5艘护卫舰,63艘鱼雷快艇,13艘布雷舰和40艘扫雷舰。它的规模比德国海军大一倍,是当时世界上拥有潜艇数量最多的国家。它拥有的加富尔伯爵级战列舰,速度超过了英国同类军舰,其大炮射程也非常

意大利潜艇

远。除了先进的维内托级战列舰外，经过翻新的加富尔伯爵级战列舰也非常现代化，速度超过英国同类军舰。

★加富尔伯爵级战列舰

加富尔伯爵级战列舰是意大利海军建造的一级战列舰。同型舰3艘："加富尔伯爵"号战列舰、"朱利奥·恺撒"号战列舰、"莱昂纳多·达·芬奇"号战列舰。第一次世界大战前夕，意大利作为同盟国成员，其造舰计划主要针对潜在对手法国海军。加富尔伯爵级战列舰的建造预算于1910年获得批准。该级舰装备13门305毫米口径主炮，B、Y炮塔采用双联装，另三座炮塔主炮采用三联装。舰体首、尾方向各有两座主炮炮塔，呈背负式布置，位于较高位置上的主炮塔采用双联装，中部一座主炮炮塔位于两组烟囱、三脚主桅之间，加富尔伯爵级战列舰的艏楼一直延伸到舰尾部主炮塔，艏楼中安装了炮廓式副炮。

1932年法国海军确定建造敦刻尔克级战列舰后，意大利海军加快了对新型主力舰的设计，并着手对现役的旧战列舰进行现代化改造。该级舰于1933—1937年进行大规模的现代化改造，改造新的巡洋舰式船首使舰身延长10.3米，舰体增设水平装甲，两舷水线下新设"普列塞"式水下防御结构，用于吸收鱼雷爆炸的水下冲击，拆除中部主炮塔，重新安排动力系统，最高航速提升到28节。副炮炮塔、烟囱、桅杆与舰桥都重新布置过。改造后的加富尔伯爵级战列舰面貌一新，成为能与法国敦刻尔克级战列舰对抗的高速战列舰。由于没有时间研制新的主炮，加富尔伯爵级战列舰改装的320毫米口径主炮是用原装备的305毫米口径主炮镗铣而成的。

"加富尔伯爵"号战列舰于1910年8月10日在拉斯佩齐亚船厂开工，1911年8月10日下水，1915年4月1日完工，于1933年10月至1937年7月进行大规模现代化改造。1940年11月11日，英国海军袭击塔兰托，"加富尔伯爵"号战列舰被一枚鱼雷击中舰底后沉没，后被打捞上来拆除了大部分武备。意大利投降时将其凿沉，后被德国人俘获并用于阻塞航道。

"朱利奥·恺撒"号战列舰于1910年6月24日在热那亚的奥

现代化改造后的"加富尔伯爵"号战列舰

德罗船厂开工，1911年10月15日下水，1914年5月14日完工，于1933年10月至1937年10月进行大规模现代化改造。1940年7月9日，斯提洛角海战中，"朱利奥·恺撒"号战列舰被英国"厌战"号战列舰击伤。1941年1月，它在那不勒斯被英国飞机炸伤。意大利投降时，它被盟军扣留。第二次世界大战结束后，该舰作为战争赔偿交给苏联，改名"新罗西斯克"号战列舰，1955年10月29日，它在塞瓦斯托波尔港内驻泊时发生爆炸沉没。

"莱昂纳多·达·芬奇"号战列舰于1910年7月18日在热那亚的奥德罗船厂开工，1911年10月14日下水，1913年5月17日完工。1916年8月，由于爆炸事故，它沉于塔兰托港。

3. 恶化的地中海局势

在1940年法国投降以后,英国地中海舰队必须独自面对来自轴心国的全部压力。地中海是陆环海的地形。意大利拥有本土基地在地中海中心的优势,其海军先后拥有8艘新型战列舰,而德军则拥有优势的空中力量和潜艇部队。英国在地中海有两支舰队,一支是驻直布罗陀的K舰队,一支是驻埃及的地中海舰队,由坎宁安指

"光辉"号航空母舰

"巴勒姆"号战列舰

挥。其中，地中海舰队孤悬海外，补给都要靠从英国绕过南非运过来，又要负责整个东地中海地区，包括希腊、北非、马耳他，甚至中东。

相比意大利海军，坎宁安手中除了巡洋舰、驱逐舰舰队以外，主力只有"伊丽莎白女王"号战列舰、"厌战"号战列舰、"巴勒姆"号战列舰和"光辉"号航空母舰、"无畏"号航空母舰。

无论在数量还是技术性能上，地中海舰队都处于绝对劣势。在这种严峻的形势下，坎宁安想的不是尽量减少有限兵力的损失，而是进攻。他通过进攻打破敌人的平衡，从而达到自保目的。他身上集中体现了英国海军300年的斗争精神。就像英国人自己说的，一个国家可以在短期内装备一支现代化的舰队，但永远无法在短期内给它灌输几百年熏陶出来的进攻精神。

然而，鉴于德国进攻法国取得的成功，意大利越来越摆出一副威胁的架势。英国迫切需要重新组建地中海舰队，遏制意大利舰队并控制住地中海东部。在墨索里尼于 6 月 10 日宣战之后的第 11 天，法国同轴心国签订了停战协定，法国舰队不再为地中海西部的安全提供保证。就这样，局势进一步恶化。因此，英国有必要在直布罗陀另建立一支部队（名为 H 部队），以保障地中海西部的安全。在战争的头几个月中，英国参战时的 6 艘航空母舰损失了 2 艘，其余 4 艘仅有一艘"皇家方舟"号航空母舰是现代化军舰。

由于法国陷落，坎宁安要担当整个地中海战区的防务，显然有些负担过重。1940 年 6 月 28 日，英国海军部审时度势，决定将原地中海舰队一分为二，成立两支舰队：一支叫地中海舰队，仍由坎

"皇家方舟"号航空母舰

宁安统辖，司令部设在埃及亚历山大港，负责东地中海战区作战；一支叫 H 舰队，由詹姆斯·萨默维尔任总司令，司令部设在直布罗陀，负责西地中海战区作战，"胡德"号战列舰成为萨默维尔的旗舰。两支舰队的作战水域以马耳他为界，东属坎宁安负责，西归萨默维尔负责。

英国和意大利两国舰队在地中海对峙，其主要任务都是护航作战。英国舰队执行的任务是保卫横贯东西的航线——从直布罗陀到亚历山大，长约 1700 海里——将补给和兵员运往埃及；意大利海军一直宣称自己是地中海的霸主，将地中海称作"意大利的内湖"，其舰队则南北纵贯地中海——从意大利往北非利比亚护航运输，航线长约 430 海里。

★ "帝国"号战列舰

1938 年 5 月 14 日，维内托级战列舰 4 号舰"帝国"号战列舰在安莎尔多公司的船台上开工，并于 1939 年 11 月 15 日下水。"帝国"号战列舰下水不久，意大利就积极准备参加战争。由于担心既没有装甲又没有机动能力的舰壳遭到英法飞机的攻击，意大利人打算把它转移到建造"罗马"号战列舰的亚德里亚海船厂继续完成剩下的工程。但是亚德里亚海船厂已经被"罗马"号战列舰压得透不过气来，实在没有能力接手完成"帝国"号战列舰。无奈之下，"帝国"号战列舰于 1940 年 6 月 8 日被拖到布林底希港，在那里装上部分动力装置和火炮后，再开回原船厂进行收尾工程。途中虽然也遭到了盟军轰炸机袭击，但没中弹受创。

战争爆发后，意大利海军将精力集中到急需的驱逐舰上，"帝国"号战列舰受了冷落，工程进度明显放缓。1942年1月22日，"帝国"号战列舰依靠自身动力驶往威尼斯。此时"帝国"号战列舰已经配备有舰长和完整的乘员组，安装了部分自卫武器。后来，"帝国"号战列舰被占领意大利北部的德军缴获，但德国人认为其没有多少军事利用价值，把它当成了靶船。

1945年2月20日，盟军空袭时炸伤了"帝国"号战列舰。等到战争结束，"帝国"号战列舰已经完全成为废舰壳，半沉半浮在水上。最后"帝国"号战列舰于1947年3月27日除名，舰体在威尼斯被解体拆毁。

第二章
拉开战役序幕

★ 希特勒在欧洲大陆发动了侵略战争，墨索里尼也按捺不住，狂妄地叫喊着"要让意大利空军和海军的马达声压倒一切声音"，要把地中海变成"意大利的内湖"。

★ 17点15分，萨默维尔向法国旗舰"敦刻尔克"号战列巡洋舰发出最后通牒："17点30分，若仍然拒绝我方建议，我将击沉你方舰艇。"

★ 法国"斯特拉斯堡"号战列巡洋舰在烟幕的掩护下，向港外冲去。英国舰队发现后，从"皇家方舟"号航空母舰上起飞6架鱼雷轰炸机对其进行拦截。

★ 意军巡洋舰群与英军展开激烈炮战，意军战列舰则遭到英军"皇家方舟"号航空母舰舰载机的攻击，康姆皮翁尼一边请求空军支援，一边指挥舰队施放烟幕，相互掩护撤退。

1. 形势恶化

1940年4月9日,意大利武装部队的参谋长们首次得到通知:国家元首已决定于适当时机站在德国一边参加战争。当时意大利海军参谋长是兼任海军副部长的多门尼考·卡瓦纳瑞。多门尼考·卡瓦纳瑞是一位能力非凡、工作优异的人,然而对他来说,不幸的是,政策由最高统帅部制定,最高统帅部又由墨索里尼和陆军控制,而无论是墨索里尼,还是意大利陆军,都不懂得海上战争。

卡瓦纳瑞对墨索里尼打算宣战一事提出了看法。他指出了意

意大利海军的驱逐舰队

意大利空军用于侦察的"菲亚特 CR.25"式飞机

大利所处地理位置不利而可能造成的种种困难,并说明当战争进入高级阶段时,是不可能在行动上达成任何突然性的。他预见,英国和法国要么在地中海东西两端安营扎寨以等待意大利筋疲力尽,要么采取一种富有进攻性的战略,以导致双方舰队激烈格斗,最终双方都将遭受重大损失。如果英法采取第一种战略,那么意大利海军就难以使用水面舰艇部队实施进攻,至于实施潜艇战,效果也不会好,因为那时地中海上的商船活动将不复存在。如果英法采取第二种战略,其结果将是同盟国能以多余的舰艇来补充其损失,而意大利则不能。这样,意大利舰队将陷入守势,并失去击垮敌方海军兵力的一切可能性。根据上述分析,卡瓦纳瑞得出如下结论:鉴于意大利将被迫采取防御性的海上战略,决定参战是毫无道理的。

接着，卡瓦纳瑞阐述了意大利海军作战的不利因素：缺乏侦察飞机，与意大利空军合作又很困难，而意大利海军基地的对空防御也很薄弱。

他认为："不管地中海战事的性质如何，最终我们海军的损失将是巨大的。在而后的和平谈判中，意大利的处境将会是：不仅领土得不到保障，而且将失去一支海军舰队，甚至可能失去一支空军。"

墨索里尼没理会卡瓦纳瑞的建议，与德国达成了一项协议，规定了双方海军在各自的作战海域内有完全的行动自由后，就于1940年6月10日宣战了。他下达指示，命令"在地中海内外各地发起进攻"。

而卡瓦纳瑞却坚持其所采取的防御政策。这种防御政策，按照他的解释是，御敌于亚得里亚海和蒂勒尼安海之外，以保证意大利同利比亚和爱琴海的多德卡尼斯群岛之间的交通线畅通无阻。与此同时，卡瓦纳瑞设想使用高速舰艇部队袭击法国通往北非的交通线，使用鱼雷快艇攻击敌港湾中的舰船，在敌港口附近布雷。

在法国6月22日退出冲突之前，地中海的英法联合舰队除了驱逐舰和潜艇以外，均优于意大利舰队。卡瓦纳瑞所设想的任务，后来有些已没必要去执行。然而，意大利的总政策并没有变化，尽管意大利海军的活动有明显增加，特别是派往利比亚护航运输队的数量有明显增加。

1940年8月上旬，英国海军部增派4艘军舰加强地中海舰队实

"勇士"号战列舰

力。其中有一艘航空母舰,即"光辉"号航空母舰,一艘有雷达装备的"勇士"号战列舰,还有"卡尔丘特"号防空巡洋舰和"考文垂"号防空巡洋舰。

"光辉"号航空母舰是当时英国海军的佼佼者,服役还不到半年,是一艘新舰。它长226米,宽29.2米,吃水7.3米,排水量25500吨;3轴,输出功率11万马力,航速31节;舰员编制1392人;载机36架,其中24架"剑鱼"式鱼雷轰炸机,12架"管鼻燕"式战斗机。它于1936年设计,1939年4月5日下水。

"光辉"号航空母舰的突出特点是装甲防护能力强。它的飞行甲板装甲厚度为76毫米,据信可承受2000米高空投下的225千克的炸弹。它还装有一部79Z型对空警戒雷达和16门114毫米高炮。

"剑鱼"式鱼雷轰炸机

通过雷达屏幕上神秘莫测的尖头信号，雷达兵可以昼夜捕捉来袭的空中目标。它有装甲飞行甲板，舰载 12 架战斗机，其中 4 架是装备有 8 挺机枪的"管鼻燕"式新式战斗机。

该舰装备有 4 个中队的飞机，1 个中队由"猎迷"式战斗机和"鱼鹰"式战斗机组成，其余 3 个中队各由 12 架"剑鱼"式鱼雷轰炸机组成。在舰长利斯特领导下，这 4 个中队都进行了勤奋的操练，并取得了很好的成绩。加上原有老式的"鹰"号航空母舰，英国地中海舰队拥有了两艘航空母舰。

"鹰"号航空母舰于 1940 年 5 月底从东部海域调归坎宁安的舰队。意大利舰队虽然没有航空母舰，但由于意大利地处地中海中部，在空军岸基飞机的掩护下，能在广阔的海域进行活动，而坎宁安的舰队中有"鹰"号航空母舰上的18架"剑鱼"式鱼雷轰炸机可用来同意大利空军相对抗。

与此同时，英国海军在地中海中部的基地马耳他岛也增强了航空力量。马耳他的战略地位十分重要。它位于西西里岛和利比亚之间的狭窄水域，像插在地中海腰部的一把尖刀。

1940年8月，从巡弋在撒丁岛以南的英国"百眼巨人"号航空母舰上起飞的12架"飓风"式战斗机降落到马耳他，成为该岛空防的主力。"飓风"式战斗机是英国研制的优秀战机。它是英国皇

"飓风"式战斗机

家空军得到的第一种具有8挺机枪的单翼战斗机，也是英国皇家空军第一种时速超过480公里的战斗机。在此后两年半内，英国都用航空母舰将战斗机从英国本土送往马耳他岛。

地中海舰队舰载机的力量虽然得到加强，但坎宁安却认为空中形势"并不令人满意"，因为他没有能够监视意大利舰队行动的侦察机。后来，英国补充了3架"斗士"式战斗机，但缺少飞行员。在这种情况下，两名由"鹰"号航空母舰的飞行指挥官凯特利·皮奇训练出来的"剑鱼"式鱼雷轰炸机的飞行员志愿驾驶战

"斗士"式战斗机

斗机。他们成功地牵制了意大利空军，直到英国"光辉"号航空母舰开来为止。

那时，英国地中海舰队不可能指望从马耳他要塞得到任何空中支援，因为战前的决策人一直把马耳他视为无法防御之地而不予理睬，这种政策直到最后时刻才加以纠正，但因为太晚而无济于事。

★ "百眼巨人"号航空母舰

"百眼巨人"号航空母舰之所以被赋予这个名字，是因为它拥有一百只眼睛，这些眼睛遍布其浑身上下，即便在睡着的时候，也有两只眼始终警惕地睁着。

1916年，英国的航空母舰设计师总结水上飞机参战以来的经验教训，重新提出了研制可在军舰上起降飞机的航空母舰，并建议把陆基飞机直接用到航空母舰上去。此后，英国的设计师们开始对航空母舰的结构进行新的重大修改，并由此诞生了世界上第一艘全通式甲板的航空母舰——"百眼巨人"号航空母舰。"百眼巨人"号航空母舰原名"卡吉士"号航空母舰，是英国造船商为意大利造的一艘客轮，开工不久即被英国海军买下，准备改建成航空母舰。该航空母舰改建工作始于1917年，次年9月方告完成。

在改建过程中，遇到的最大难题就是"不定常涡流"问题。正当英国的造船专家们一筹莫展之时，一名海军军官却想出了一个奇妙的办法。这个办法就是把舰桥、桅杆和烟囱统统合并到上层建筑

经典 百年海战大观 塔兰托之夜

"百眼巨人"号航空母舰

中去，然后把整个建筑的位置从飞机甲板的中间线移到右舷上去，这样，起飞甲板和降落甲板就能连为一体，"不定常涡流"的影响也不复存在。这位海军军官把这种设计称之为"岛"式设计。

"百眼巨人"号航空母舰的舰载机采用了一种原来在陆基起降的"杜鹃"式鱼雷攻击机。"杜鹃"式鱼雷攻击机有折叠式的机翼，能携带450千克重的457毫米鱼雷，具有很强的进攻能力。由于这种飞机建造的速度太慢，以至于第一批准备上舰的飞机未能赶上第一次世界大战。"百眼巨人"号航空母舰已经具备了现代航空母舰的最基本特征和形状。它的诞生，标志着世界海上力量发生了从制海权到制海权与制空权相结合的一次革命性变化，敲响了"巨舰大炮"理论的丧钟。

2. 周旋于地中海

意大利陆军曾经说过，它在利比亚有足够维持6个月的补给品。可是，战斗一打响，陆军对各种物资和装备的迫切要求便不断地提出来了。运送物资的运输队，通常有一支由驱逐舰组成的强大护航队，一支由战列舰和巡洋舰组成的掩护兵力。

1940年7月，意大利舰队在护航时同英国地中海舰队发生了一场遭遇战。战斗中，地中海舰队"厌战"号战列舰发射的一发381毫米炮弹击中并重创了意大利舰队司令伊尼戈·坎皮奥尼的旗

"朱利奥·恺撒"号战列舰

舰——"朱利奥·恺撒"号战列舰。

鉴于"朱利奥·恺撒"号战列舰受到了重创，伊尼戈·坎皮奥尼命令停止战斗，所有意大利军舰高速返回港内。

坎皮奥尼抱怨意大利空军支援不力。事实确实如此。意大利空军的侦察是不充分的。意大利飞机对英国舰队的轰炸令人失望，无一命中。更为糟糕的是，尽管采用了各种可能的识别手段，意大利军舰仍然遭到了己方飞机的攻击。

10天之后，意大利的士气又遭受了进一步打击。事情发生在7月19日。英国军队"悉尼"号巡洋舰和一个驱逐舰分队同2艘装

"科利欧尼"号巡洋舰

备有152毫米火炮的意大利"尼瑞"号巡洋舰和"科利欧尼"号巡洋舰遭遇。经过一场激烈战斗,"科利欧尼"号巡洋舰被击沉,而英国军队只有"悉尼"号巡洋舰烟囱中弹受损。

对于这次遭遇,卡萨迪深感突然,因为他一直在期待着从多德卡尼斯群岛出动飞机进行空中侦察,但事实上却没有出动。他自己也没有命令两艘巡洋舰的舰载飞机起飞,对两舰前方的水域进行侦察。"科利欧尼"号巡洋舰舰长诺瓦鲁受伤被救,后因伤势过重,死在亚历山大港。

8月2日,意大利舰队得到了2艘新战列舰:"维内托"号战列舰和"里多利奥"号战列舰。这两艘舰的主要武器是各装有9门381毫米火炮,其射程超过了英国地中海舰队战列舰所装备381毫米火炮的射程,且这两艘舰的航速也较快。

"里多利奥"号战列舰

第二章 拉开战役序幕

改装后的"杜里奥"号战列舰

8月底,"杜里奥"号战列舰现代化改造完成。8月31日,坎皮奥尼率领意大利舰队出海。这支舰队包括2艘新战列舰和3艘经过现代化改造的战列舰,由10艘巡洋舰和34艘驱逐舰护航。它的目标是截击一支仅由2艘战列舰、"鹰"号航空母舰、5艘轻巡洋舰和9艘驱逐舰组成的处于劣势的英国舰队。这支英国舰队正掩护一支运输队从亚历山大港前往马耳他,并准备与来自英国的加强兵力(包括"光辉"号航空母舰和"勇士"号战列舰)会合。

8月31日黄昏,敌对的两支舰队相互接近,距离90海里。坎宁安断定,战斗将在次日拂晓打响。然而,大出所料,由于夜间骤起大风暴,坎皮奥尼率领舰队转向,返回塔兰托基地。

对于地中海舰队来说,"光辉"号航空母舰很有价值。该舰舰长博伊德,绰号为"犟牛",中等身材,体格健壮,性情暴躁,有认准目标后便义无反顾的性格,深得全体舰员信赖。他经验丰富,曾带领第一驱逐舰支队参加过日德兰之战。更重要的是,他是鱼雷专家,对防雷网和鱼雷性能了如指掌,同时对海军航空兵有浓厚兴趣,会驾驶飞机。当讨论攻击塔兰托是使用鱼雷还是炸弹时,他坚定地选定了鱼雷:"从舰底入水攻击比从舰上攻击有效得多!"

但从马耳他和亚历山大港派出的水上飞机,"其飞行速度太慢,且易受损伤""而意大利人对我们的行动则了如指掌"。

8月29日,"光辉"号航空母舰驶抵直布罗陀,次日驶往马耳他以南同坎宁安的舰队会合。"光辉"号航空母舰是利斯特的旗舰,利斯特是地中海航空母舰部队的少将司令。他接任现职后,立即指示参谋人员把他两年前拟订攻击塔兰托意大利舰队的计划重新审议一下。他抵达亚历山大港时,已经详细地回忆了他的攻击计划,并准备同总司令一起研究那一计划。

9月13日,在北非的意大利军队总司令格雷齐阿尼发动了一场以入侵埃及为目标的进攻。这使英国舰队忙于支援在埃及的英国守军。但出人意料的是,在意大利部队抵达西迪巴拉尼之后,格雷齐阿尼却命令部队停止进攻,就地挖掘战壕。这样,英国海军就免除了对在埃及英国守军的支援任务,有时间得以考虑其他紧要事宜,包括袭击意大利舰队。

9月底，坎皮奥尼碰到了一次必须同英国舰队作战的绝好机会。当时，一支由英国"厌战"号战列舰和"勇士"号战列舰组成的舰队，在"光辉"号航空母舰伴随下，再次开往地中海中部，以掩护前往马耳他的增援部队。意大利舰队在西迪巴拉尼附近发现了这支英国部队。于是，坎皮奥尼率领"里多利奥"号战列舰和"维内托"号战列舰等4艘战列舰，出海截击英国部队。

可是，意大利的空中侦察飞机并没弄清英国部队的具体位置，直到10月1日才发现英国部队已快返回到亚历山大港。当时，英国航空母舰上的舰载机已在英国舰队以北120海里处发现了意大利军舰，但英国舰队的主要任务是掩护增援部队安全抵达马耳他，因此没向意大利舰队开战。意大利舰队安全返回了基地。

不久，整个英国舰队又返回原地，掩护一支补给品运输队开往马耳他。这次意大利派出了一支由驱逐舰组成的小型部队实施夜间鱼雷攻击。意大利装备有152毫米火炮的巡洋舰轰击英国军队"阿贾克斯"号巡洋舰时，"阿贾克斯"号巡洋舰奋勇反击，结果击沉意大利3艘军舰，击伤1艘，自身中弹7处。

在同意大利交战的最初五个月中，英国舰队或其分遣队从亚历山大港向地中海中部航行达16次之多，但同意大利舰队遭遇的只有上面提到的几次。意大利舰队采取广泛的防御政策，控制了马耳他周围的水域，不仅使马耳他岛难于得到补给，而且粉碎了英国海军阻挠意大利护航运输队向北非意大利军队运送急需补给品的企图。意大利这种政策虽然在逻辑上合理，但却导致了一种必然后果，即提高了英国舰队的士气，舰队的官兵们愿意而且准备去克服在攻击意大利舰队过程中所遇到的巨大困难。

意大利舰队司令坎皮奥尼的表现和其他军种的意大利人一样，完全没有罗马帝国时代的尚武精神和勇气，取而代之的是懦弱和胆怯，即使在意大利海军占据绝对优势时也缩手缩脚，丝毫没有军人的勇气和男人的血性。而英国的坎宁安却坚毅果敢，机敏过人。面对意大利舰队如此保守消极的战略，坚毅果敢的坎宁安决定主动出击，打上门去，从空中攻击龟缩在塔兰托军港的意大利舰队。他不仅能正视意大利海军强大的一面，同时还能抓住对手的弱

意大利空军轰炸机

点大做文章。

事实上，意大利海军存在的弱点是明显的。墨索里尼认为，亚平宁半岛就是一艘巨型航空母舰，岸基航空兵的作战半径能够覆盖整个地中海，海军不需要航空母舰和海军航空兵，空军能完全承担起对海军的支援使命。如果海军需要空中支援，必须请求空军出动飞机，这就导致两个军种之间缺乏默契的协同。加上临时召唤空中支援的过程烦琐，常常出现空军接到海军请求派出飞机、到达战场上空时却已经慢了一拍的窘境，甚至有时空军根本不愿派出飞机。因而意大利海军在防空方面存在着较大漏洞。

英国军队在地中海拥有3艘航空母舰，能够随时出动飞机，而且舰载机与水面舰艇有着长期协同演练，配合比较默契。地中海的制空权实际掌握在英国军队之手。

意大利海军深知自己虽然在兵力对比上具有较大优势，但缺乏空中掩护和支援，与英国军队对阵绝对没有便宜占。所以坎皮奥尼采取消极避战的策略，只有在为北非航线护航时才出海，而且只要一发现英国军队有所行动，就立即掉头返航，龟缩于塔兰托军港，任凭英国军队如何引诱，都闭门不出。

意大利船舰航速快，大炮射程远；但它们却牺牲了装甲防护。一些巡洋舰的装甲相当薄，堪称"纸板舰队"。除此之外，坎皮奥尼还有后顾之忧。意大利海岸线长，得时时想着保护本土。除了护送运载兵员和补给去北非外，意大利船舰龟缩在基地内，不敢贸然外出，也有这一考虑因素。

针对意大利的战略部署，坎宁安决计走一着险棋，坚守马耳他岛。

马耳他岛位于西西里岛和利比亚之间的狭窄水域，像一把锋利的短剑，横插在地中海腰部。只要守住了该岛，英国飞机和舰只就可从岛上的基地出发，肆意袭击意大利驶向北非的船队；同时，又可以接应东来西往的本国船只。相反，如果马耳他岛失守，意大利海军就能切断英国在地中海上的运输线，使在埃及作战的英国军队陷入困境。然而，马耳他离意大利西西里岛仅70海里，守住它绝非易事。6月11日，即墨索里尼宣战第二天，意大利轰炸机群就从西西里岛的机场起飞，开始对马耳他岛的皇家空军基地和格兰德港进行狂轰滥炸。一个月内，意大利空军轰炸机群共出动72次，几乎将岛上的设施全部夷为平地。

撤到亚力山大港后，坎宁安立即率舰队连连出击，伺机拦截护航的意大利舰只。在卡拉布里亚海面，他的旗舰"厌战"号战列舰大显神威，一举击伤了意大利"朱利奥·恺撒"号战列舰。意大利舰队吓得屁滚尿流，赶紧施放烟幕，仓皇逃走。

尽管打了胜仗，坎宁安依旧忧心忡忡，深感兵力不足。他只有两艘老战列舰和老态龙钟的"鹰"号航空母舰。单靠它们和意大利海军决斗，终究会吃亏。他一再要求海军部增派舰只和飞机。马耳他离意大利西西里岛太近，只有70海里，经常受到空袭的威胁。

第二章 拉开战役序幕

"朱利奥·恺撒"号战列舰遭到重创

法国投降时，英国在马耳他岛上只有3架老式的"角斗士"式双翼战斗机和9架"剑鱼"式鱼雷攻击/侦察机。

8月29日，英国海军部派出的加强兵力抵达直布罗陀。萨默维尔亲率H舰队，趁着夜色，掩护"光辉"号航空母舰等诸舰通过了马耳他和西西里岛之间的"恐怖海峡"。坎宁安乘他的旗舰"厌战"号战列舰赶来接应，使"光辉"号航空母舰等4舰平安到达了亚力山大港。

坎宁安战列舰和巡洋舰的数量仍然不及坎皮奥尼，但手头有了两艘航空母舰，他胸有成竹，自信可以击败对手。令人头痛的是意大利舰队的保守战略。它们平日躲在塔兰托港内，只是偶尔前往北非护航，一有风吹草动，就如惊弓之鸟，匆匆返航。

坎宁安一时无计可施，只能转移打击目标。

9月13日，意大利陆军通过利比亚西部的沙漠东进，迫使英国军队撤入埃及境内，向亚历山大港败退。在这危急关头，坎宁安派出驱逐舰频繁地炮击沿海公路和物资堆放场，破坏意大利军队的补给线。同时，他还派出若干炮艇，骚扰意大利军队的营地。在西迪拜拉尼，意大利军队被迫停止推进，以免沿海公路过长，使英国舰队有机可乘。

尽管如此，坎宁安的目光仍旧紧盯着意大利舰队的主力。

9月末，英国一支护航舰队遇上了意大利舰队，还未交战，意大利舰队就逃回塔兰托港。10月初，坎宁安率部驶入地中海中部。

第二章 拉开战役序幕

"格拉斯哥"号巡洋舰

他派几艘驱逐舰前行，企图诱出意大利主力舰只。他想打一场大仗，但意大利战列舰却严格执行坎皮奥尼的避战命令，始终闭门不出。

10月中旬，坎宁安做出重大抉择：如果意大利舰队再深居简出，他就让飞机从空中进入，干脆打上门去。因为地中海舰队航空母舰部队司令拉姆利·利斯特已经提交了袭击塔兰托的作战计划。

当时，英国军队有4支运输队需要护航。第一支运输队是MW-3，由5艘商船组成，从亚历山大港开往马耳他岛；同行的还有3艘装运枪支弹药的船只，它们是开往苏扎湾基地的。第二支运输队是AN-6，由3艘运载着汽油和燃料的船只组成，从埃及开往希腊。第三支运输队是WM-3，由4艘空船组成，由马耳他岛返回亚历山大港。第四支运输队由空船组成，从希腊和土耳其返回亚历山大港。

在这次战役中，"巴勒姆"号战列舰与"伯威克"号巡洋舰、"格拉斯哥"号巡洋舰将由H舰队从直布罗陀护送到马耳他岛以南与坎宁安的舰队会合。这3艘舰是坎宁安舰队的增援兵力。

★ "罗马"号战列舰

当"里多利奥"号战列舰开工后，意大利面临的国际形势已经发生了根本性变化：意大利已经先后退出了伦敦限制海军会议和国际联盟，可以完全不受限制地建造战列舰了。意大利海军认为，即使把4艘老战列舰全部改造,也难以对抗英法在地中海的海上力量。因此,意大利决定再建造2艘维内托级战列舰的改进型,即"罗马"号战列舰和"帝国"号战列舰。1938年9月18日,"罗马"号战列舰在亚德里亚海船厂开工,1940年6日下水,1942年6月14日建成竣工。同年8月21日,"罗马"号战列舰驶抵塔兰托港,编入意大利海军第9分队,正式服役。"罗马"号战列舰刚服役就赶上了意大利海军的大油荒,因此它并未出海执行战斗任务。

1943年6月5日,锚泊在拉斯佩齐亚的"罗马"号战列舰被美国"B-17"式轰炸机炸伤。6月5日13点59分,"罗马"号战列舰被2枚450千克的穿甲弹命中。一枚炸弹从舰首222号肋位甲板边缘内侧约1米处穿入,从舰首底部穿出后爆炸。221~226号肋位间的舰底被炸出一个32平方米见方的破口,从212号肋位至首柱间舰体破损进水。第二枚靠近弹落在舰首左舷海中,爆炸在198~207号肋位间外壳板上,造成了一个约30平方米的渗漏区,位置在第二平台甲板平面以下。此时,"罗马"号战列舰的锚链舱、舱底注排水泵舱、测深仪室和许多其他舱室进水,舰体总进水量2350吨。

6月23—24日夜,"罗马"号战列舰又被两枚炸弹命中。这次两枚炸弹都落在舰尾。第一枚击中了舰尾右舷后甲板上的排水孔,在穿透甲板后炸毁了下面的军官住舱。从破损的水管中泄漏出来的冲洗水后来淹没了这些区域。另一枚炸弹击中了舰尾3号炮塔左

维内托级的"罗马"号战列舰

炮和重炮之间的甲板，但并未击穿装甲甲板，造成的破坏靠右舷。"罗马"号战列舰于7月1日驶抵热那亚维修理，修好后于8月13日返回拉斯佩齐亚。

1943年9月9日，包括维内托级战列舰三姊妹在内的意大利舰队出海。他们谎称准备迎击盟军舰队，其实是偷偷驶往撒丁岛，试图在那里组建一个不受德国控制的意大利政府。但德国人早有准备，提前占领了撒丁岛。意大利舰队迫于无奈，不得不开往马耳他，向盟军方面投降。

"罗马"号战列舰没有参加过战斗出航，在短短5个月生命中完成了20次航行，航行总里程为2492海里，耗时133小时，燃油共计消耗3320吨，因维修或其他原因不在现役时间累计63天。

3. 出击，必须出击

空袭塔兰托于 1940 年 11 月 4 日以 AN-6 运输队从亚历山大港出航为标志正式开始了。

11 月 5 日，开往马耳他的运输队 MW-3 出航了，并在通向卡索斯海峡的南入口处附近赶上了 AN-6 运输队。当 MW-3 运输队通过卡索斯海峡而位于克里特以北时，开往苏扎湾的那 3 艘船驶离了运输队。运输队从马塔潘角以南 35 海里处开赴目的地。

11 月 6 日 13 点，坎宁安乘坐"厌战"号战列舰，率领"勇士"号战列舰、"马来亚"号战列舰、"雷米利斯"号战列舰、"光辉"

"马来亚"号战列舰

"雷米利斯"号战列舰

号航空母舰、"格洛斯特"号巡洋舰和"约克"号巡洋舰,以及一支由驱逐舰组成的掩护兵力,从亚历山大港出航,向西航行。

"光辉"号航空母舰在4艘战列舰、2艘巡洋舰和大批驱逐舰的伴随下,从亚历山大港开到了地中海中部。在地中海舰队出航前后,英国军队在地中海上,同时有4支运输船队出发,共计20艘运输船在航行。由萨默维尔率领的H舰队也出动了1艘战列舰和2艘巡洋舰,与地中海舰队会合,以加强攻击部队的实力。这一切都是要使意大利相信,英国军队舰队的活动是为了保护海上运输船队,从而使意大利人将注意力集中在地中海西部。

11月7日,意大利海军获悉英国舰队出港,曾一度命令驻塔兰托的军舰出海迎击,但因空中侦察毫无发现,只得作罢。英国军队在地中海中部的部署，迷惑了意大利人。据当时在意大利海军高级指挥部服务的布雷盖丁说，意大利人当时所知道的情况是，英国海军驻直布罗陀和亚历山大的两支部队均在海上。位于塔兰托的意大利舰队接到了准备出航的通知。意大利海军出动9艘潜艇和鱼雷艇部队进行夜间侦察，仍一无所获。

11月8日晨，空中侦察的结果是否定的。下午，在截击距离以外，意大利空军发现了一支运输队驶往马耳他岛。稍后，在这支运输队以南，他们发现了坎宁安的战列舰掩护部队向南行驶。于是，9艘意大利潜艇奉命开往这个地区，多艘鱼雷快艇奉命到马耳他海峡巡逻。25架轰炸机从西西里机场起飞，但未能发现英国舰队。

到8日中午，这支意大利舰队行至克里特与马耳他之间的中途，MW-3运输队则在其西南9海里处。地中海舰队在北面占领了阵位，以便随时截击企图攻击运输队的任何意大利军舰。

12点30分，MW-3运输队被意大利侦察飞机发现，但随后意大利的侦察飞机被英国军队"光辉"号航空母舰上起飞的战斗机赶走。那时，英舰队已接近到距西西里156海里的地方，随时都可能遭受空袭。

15点20分，又出现了一架意大利侦察飞机，也被英国战斗机赶跑。一小时后，出现了7架意大利"S79"式轰炸机。它们遇到了3架"管鼻燕"式战斗机的攻击，有2架被击落，其余5架扔下

意大利斯皮卡级鱼雷艇

炸弹后逃走。

9日，意大利作战部门曾发现在塔兰托以南300海里海域有一些英国军舰，但英国军队其他多个舰艇编队在地中海各处频繁活动，导致意大利航空侦察队发回的报告自相矛盾，使意大利海军司令部根本无法了解真实情况。意大利海军司令认为，英国人的胆子不会那么大。

9日9时，"雷米利斯"号战列舰在3艘驱逐舰掩护下脱离舰队，护送运输队前往马耳他；舰队其余兵力前往马耳他东南约86海里处的掩护阵位。英国军队的巡洋舰奉命向北开进搜索敌人。当时天气非常阴暗，不能依靠空中搜索。中午前和下午，他们在舰队附近4次发现了敌机。

布雷盖丁说："据说，直布罗陀部队已掉转航向，按照英国的传

经典 百年海战大观 塔兰托之夜

活跃在地中海的意大利部队

统方式行动。至于地中海东部的英国兵力,侦察报告的情况各种各样,而且相互矛盾。到那天傍晚,意大利海军高级指挥部只能得出如下结论:那天15点前后,英国舰队必定位于距塔兰托约260海里的地方,而且是在返回亚历山大港的途中。"

与此同时,12点19分,"光辉"号航空母舰出动了一架"剑鱼"式鱼雷轰炸机进行反潜巡逻,但飞机起飞不久,发动机就出了故障,飞机被迫降落在靠近"厌战"号战列舰的海面上。

16点4分,一架尾随的意大利"坎特"式飞机被一架"管鼻燕"式战斗机击落。意大利人已发现英国部队位于马耳他以西和以东,他们极力想把握住形势,但未能如愿。

意大利的报告指出,直布罗陀的英国军队正在向西返归。这与有关坎宁安部队的报告相互矛盾。最后意大利海军高级指挥部得出的结论是:坎宁安率领的部队正在返回亚历山大港的途中。

因此,11月10日晨,当潘特莱里亚岛和利诺萨岛上的观察哨报告说发现了一批英国海军舰艇时,意大利海军高级指挥部的人感到有点意外。这批英国舰艇显然是从直布罗陀的舰队分离出来的,而且已于夜间通过了西西里海峡。英国这些舰艇包括"巴勒姆"号战列舰、"伯威克"号巡洋舰和"格拉斯哥"号巡洋舰以及3艘驱逐舰。

10日7时,英国军队另一架"剑鱼"式鱼雷轰炸机起飞,准备进行侦察,但起飞后不久就坠毁了。这样,英国军队可用于攻击塔兰托的飞机减少到了22架。

3小时之后,"巴勒姆"号战列舰和2艘伴随的巡洋舰同舰队会合。然后,那2艘巡洋舰离开了队列,把所运载的军队送往马耳他。

10点许,H舰队出动的增援舰艇与地中海舰队会合。意大利出动10架轰炸机对H舰队实施攻击,但在英国军队舰载战斗机的有力抗击下,意大利轰炸机投下的炸弹无一命中。

中午,在马耳他以西35海里处,意大利轰炸机再次接触英国舰队,有1架"坎特"501式飞机被击落。13点30分,10架意大利轰炸机分成了两个编队,从4297米的高度对英国军队舰队实施突击,投下了25枚炸弹,但无一命中。意大利轰炸机遇到了"光辉"号航空母舰上的"管鼻燕"式战斗机截击,结果有1架被击伤。

"管鼻燕"式战斗机

第二章 拉开战役序幕

下午，有一批数目和舰型不详的英国军队舰只从马耳他向东航行。这是一支由4艘英国军队商船组成的运输队，担任护航的是"雷米利斯"号战列舰、"科文特里"号防空巡洋舰和2艘驱逐舰。这些军舰是在13点30分驶离马耳他前往亚历山大港的。一群意大利轰炸机起飞去攻击这支船队，但没发现目标。布雷盖丁以某种沮丧的语调评论说："如果英国不在战后说明他们在那些日子里做了些什么，意大利人是不会知道上述舰艇活动真实情况的。"

11月11日晨，地中海舰队从马耳他取回空中侦察塔兰托的最新照片。侦察情报证实，所有意大利军队舰只都停泊在港内，没有出港的迹象。这时"光辉"号航空母舰上除本舰的舰载飞机外，还有从"鹰"号航空母舰上转来的飞机，共有21架"剑鱼"式鱼雷

"坎特"式水上飞机

轰炸机。"鹰"号航空母舰因需要检修,留在了基地,不能参加此次突袭。舰队航空兵司令利斯特命令"光辉"号航空母舰从距塔兰托170海里左右的海域派出两批飞机,第一批12架,第二批9架,对塔兰托实施两次攻击。

★安德鲁·坎宁安

安德鲁·坎宁安,英国海军大臣,海军元帅,英国海军中自霍雷肖·纳尔逊以后至今最伟大的将领,海军航空兵的倡导者,塔兰托战役、马塔潘角海战等历次战役的胜利者。

安德鲁·坎宁安是爱丁堡大学一位解剖学教授的儿子,生于1883年,10岁时就加入海军。1897年,他进入"大不列颠"号受训,结识了詹姆斯·萨默维尔和约翰·托维,并与他们结下了相伴终生的友谊。他1915年荣获殊勋金十字勋章;1919年荣获彩色殊勋金十字勋章;1920年第二次获得金十字勋章。1922年,他被任命为一支驱逐舰分队的指挥官。1929年,他被调任为"罗德尼"号战列舰舰长。

在1938年,时任第一海务大臣的罗杰·布莱克豪斯把他作为副手。可他很快就厌倦了这一职务,要求回到第一线。1939年,他取代达德利·庞德成为英国皇家海军地中海舰队司令。经过几个月整顿,地中海舰队终于焕发了活力,他也获得了巴斯上级爵士称号;1939—1942年,他任地中海舰队司令;在法国投降德国后,他成功地说服停泊在亚历山大港的法国舰队解除了武装，避免了一场流血冲突。

1940年11月，他指挥了偷袭意大利塔兰托港的行动。1941年3月马塔潘角海战后，他荣获巴斯大十字勋章。1941年5月克里特岛战役，在德国占绝对优势的空军和潜艇的打击下，他指挥英国军队成功地撤出了70%的人员。1942年4月，他被招回伦敦，丘吉尔想让他取代约翰·托维，指挥英国皇家海军本土舰队。但他坚决拒绝了。很快，他被任命为"火炬"计划海军指挥官，北非盟军海军远征军总司令，并被授予准男爵爵位。1943年，他晋升为海军元帅，

安德鲁·坎宁安

并任英国第一海务大臣。1945年,他获"圣殿骑士"称号,并进入上院。1946年,他荣获功绩勋章,并升到子爵爵位。1963年坎宁安去世。

坎宁安于1943年9月10日在马耳他接受意大利舰队投降,这是盟军中第一个享受这种荣誉的将军。这在1943年9月11日意大利舰队投降后,他发给英国海军部的一份历史性电报中总结:"高兴地报告阁下们:意大利舰队在马耳他要塞炮火的轰击下已经停止战斗了。"所以,"老水手"被晋升为皇家海军元帅,升任皇家海军司令,此衔此职,除他无人敢争。他所获得的各项荣誉都当之无愧!

第三章
"判决"行动

★ 早在1935年意大利入侵埃塞俄比亚时,英国海军就制订了以舰载机攻击塔兰托军港意大利军舰的计划。

★ 如果把意大利海军比做一柄剑,那么塔兰托瘫痪了,这柄剑也就卷了刃。

★ 航拍照片上神秘的小白点会不会是保卫伦敦时所使用的那种拦阻气球?

★ 精心安排的攻击时间表不巧被一点意外迸起的火星焚之一炬,在备战中,英国军队发生了事故。

1. 鱼雷，鱼雷攻击

袭击塔兰托的作战计划，最初是由拉姆利·利斯特提出的。拉姆利·利斯特是英国皇家海军地中海舰队航空兵司令。第一次世界大战期间，他曾在塔兰托港服役。利斯特是一位火炮专家，但他意识到海军飞机未来将有一个蓬勃的发展。

1938 年，在担任"暴怒"号航空母舰舰长期间，利斯特在航空母舰的文件柜里发现一份空袭塔兰托的方案。

"暴怒"号航空母舰

第三章 "判决"行动

意大利士兵在埃塞俄比亚作战

这份旧计划草拟于1935年。意大利1935年入侵埃塞俄比亚时,英国海军地中海舰队司令庞德,就制订了以舰载机攻击锚泊在塔兰托军港的军舰计划,作为应急备用方案,后来由于英国军队没介入,这一计划就被置之高阁。

接任"光辉"号航空母舰舰长时,利斯特把这份攻击计划放在该舰的秘密文件夹中。因此,当庞德召见利斯特,让他为那份攻击计划补充新内容时,利斯特一点也不意外。在同飞行指挥官和高级观察员一起审议攻击计划后,利斯特便向舰队总司令报告说:尽管意大利空军实力日益增强,但他确信,如果能出其不意,定能给敌人以猛烈袭击,严重削弱其战斗力。后来,由于种种原因,该计划又搁浅。

1940年8月,已担任地中海舰队航空母舰部队司令的利斯特,随着光辉号航空母舰到达亚历山大港。他随即向坎宁安汇报了这一计划,建议用"光辉"号航空母舰和"鹰"号航空母舰上的舰载鱼雷轰炸机向塔兰托发动突然袭击。坎宁安大加赞赏,立即指示他开始做相关准备。

一架"剑鱼"式鱼雷轰炸机从"鹰"号航空母舰上起飞

第三章 "判决"行动

满载"剑鱼"式鱼雷轰炸机的"光辉"号航空母舰

英国海军一批卓越的战略思想家和造舰工程师，20世纪30年代就通过一系列事件敏锐觉察到了飞机对于军舰的巨大威胁。在建造光辉级航空母舰时，他们特别重视装甲防护，尤其是飞行甲板装，其甲厚度达到76毫米，可以抗击在2000米高空投下的225千克炸弹。

根据利斯特的计划，空袭塔兰托的主力是"光辉"号航空母舰。"光辉"号航空母舰排水量2.3万吨，最高时速31节，舰载机36架。以排水量来看，舰载机数量似乎太少。实际上，尽管它的载机量少，但它的生存性大为提高。在战争中，德意空军多次猛烈空

地中海上空的德国空军

从航空母舰上掠过的"剑鱼"式鱼雷轰炸机

袭"光辉"号航空母舰都未能得逞。此外,"光辉"号航空母舰还装备了当时最先进的792型对空警戒雷达,使英国军队拥有了"千里眼",具备了夜间作战能力。

袭击能否成功的关键是舰载机能否准确地向敌舰发射鱼雷。当时英国军队所能使用的鱼雷攻击机是舰载"剑鱼"式鱼雷轰炸机。

"剑鱼"式鱼雷轰炸机是由英国费尔雷航空公司于20世纪30年代研制的一种鱼雷攻击机。它是一种舰载双翼机,敞开式座舱,从前至后分别为驾驶员、领航员和尾炮手,装有一台750马力的活塞式发动机,不可收放的后三点起落架也可以换装浮筒。它可以配置在所有英国的航空母舰、战列舰和巡洋舰上使用。当它在后两种舰上使用时，需使用浮筒在海面起降。飞机上用于自卫的武器有两挺7.7毫米口径机枪，装在座舱前后方，可向前和向后射击，后舱机枪还可向左右射击。它的主要进攻武器是挂在机身下方的鱼雷，但每架飞机只能挂一枚MXII型鱼雷。这种MXII型鱼雷直径457毫米，重731千克。如果不挂鱼雷也可以换挂681千克的水雷，或者挂相同重量的炸弹。

由于是双翼机，"剑鱼"式鱼雷轰炸机的速度快不了。它最大时速只有222公里/小时。利斯特为它设定的进攻方式是：先从高空飞向敌港，以2300～2500米的高度巡航，待飞近目标时，高速俯冲至海面，在波涛上方9米的高度超低空掠水面飞行，接近敌舰约600米时投放鱼雷。鱼雷投下后迅速把飞机拉起，脱离战区。"剑鱼"式鱼雷轰炸机携带鱼雷时最大航程是885公里。

为了多带燃油，延长飞机的航程，利斯特下令改装"剑鱼"式鱼雷轰炸机：参加袭击塔兰托的飞机全部取消尾炮手，让领航员挤在后座上，中间空位加装一个60加仑（272升）副油箱。利斯特从舰队中挑选了一批经验丰富的飞行员，进行夜间投雷攻击训练。驾驶员驾机从高空以大角度俯冲，在快要碰到浪尖时才拉起来，然后掠水平飞，朝模拟目标发射鱼雷。经过一段时间刻苦训练，"光辉"号航空母舰和"鹰"号航空母舰上共计有30架飞机做好了进攻准备。

第三章 "判决"行动

战前的塔兰托港

★ "剑鱼"式鱼雷轰炸机

"菲尔利·剑鱼"式鱼雷轰炸机由菲尔利航空器制造公司设计制造，是第二次世界大战时期英国皇家海军航空兵使用的主要机型之一，1936年开始投入使用。英国海军航空兵称呼它为"细绳袋"。在服役初期，"剑鱼"式鱼雷轰炸机装备于航空母舰上使用，而到了战争中后期，"剑鱼"式鱼雷轰炸机被改装为反潜和训练机。尽管"剑鱼"式鱼雷轰炸机设计于20世纪30年代，但它仍然得以使用直到1945年第二次世界大战在欧洲的战火熄灭。

"剑鱼"式鱼雷轰炸机是基于菲尔利PV型飞机改进而成的，当时英国的空军部要求制造一种侦察机以协助军舰校对炮火落点。"剑鱼"式鱼雷轰炸机采用双翼结构，并装备了一定的装甲。之后发展出了可折叠翼型以用于装备航空母舰。1936年，这种飞机开始装备英国航空母舰，并取代了"菲尔利·海豹"式鱼雷轰炸机。

1939年，英国皇家海军第13中队换装了"剑鱼–I"式轰炸机，其中的3架装备了浮筒，以用于在战斗舰中使用弹射器起飞。这3架飞机曾在第二次纳尔维克海战中协助英国皇家海军"厌战"号战列舰校对炮火，之后击沉了德国"U–64"号潜艇。而商船队的商船经过改进后，也装备了3或4架"剑鱼"式鱼雷轰炸机，协助其进行反潜护卫，其中3艘为荷兰籍商船。所装备的"剑鱼"式鱼雷轰炸机来自于荷兰第 860 中队。

"剑鱼"式鱼雷轰炸机的主武器是鱼雷,但由于其是慢速的双翼飞机,因而在攻击时需要一段较长的直线路径用于俯冲投射鱼雷,这样就使它很难准确地攻击到防空火力强以及速度快的军舰。但在 1940 年 11 月 11 日的塔兰托战役中,由英国皇家海军"光辉"号航空母舰上起飞"剑鱼"式鱼雷轰炸机却立下了汗马功劳。战斗中,"剑鱼"式鱼雷轰炸机使用鱼雷击沉或重伤意大利海军 3 艘战列舰和 2 艘巡洋舰。之后"剑鱼"式鱼雷轰炸机在马耳他突围战役中也承担了攻击军舰的任务。

"威尔士亲王"号战列舰

经典 百年海战大观 塔兰托之夜

"剑鱼"式鱼雷轰炸机的3种型号侧视图

第三章 "判决"行动

1941年5月,德国海军"俾斯麦"号战列舰在击沉"胡德"号战列巡洋舰,击伤"威尔士亲王"号战列舰后,立即全速奔向法国。但与此同时,英国皇家海军航空兵发现了"俾斯麦"号战列舰的行踪。一群从英国皇家海军"皇家方舟"号航空母舰上起飞的"剑鱼"式鱼雷轰炸机首先找到了"俾斯麦"号战列舰,并对其发动了攻击。由于"剑鱼"式鱼雷轰炸机俯冲之后的速度低于"俾斯麦"号战列舰上所装备的火控提前量计量器,同时这些飞机也飞得很低,使得"俾斯麦"号战列舰上的绝大多数炮火无法伤害到它。机群发射的一枚鱼雷命中了"俾斯麦"号战列舰的尾舵,造成其无法正常操控,导致其航速降低。13小时之后,"俾斯麦"号战列舰被英国本土舰队围攻并击沉。

但在随后的战斗中,"剑鱼"式鱼雷轰炸机的问题暴露无遗。1942年2月,德国进行了"雷霆-瑟布鲁斯"行动,将大西洋上的三艘大型水面战舰("沙恩霍斯特"号战列巡洋舰,"格奈森瑙"号战列巡洋舰,"欧根亲王"号重巡洋舰)穿越英吉利海峡调回威廉港。这次战斗中"剑鱼"式鱼雷轰炸机的战绩极为糟糕:鱼雷没有一枚命中目标,且大多数飞机被击落或重伤。英国人意识到了老式双翼鱼雷轰炸机已经无法满足海战需求,随后将大多数"剑鱼"飞机改装成反潜飞机。

改装后"剑鱼"式鱼雷轰炸机可装备深水炸弹或者8枚27千克的RP-3型火箭弹,并且其作用从攻击航空母舰转为护航航空母舰乃至商船。"剑鱼"式鱼雷轰炸机以其低起飞速度和完美的航空性能而成为完美的商船航空母舰舰载机，并能在中大西洋恶劣气候条件下工作。虽然"菲尔利·青花鱼"式双翼鱼雷轰炸机曾被打算作为"剑鱼"式的继任者，用于攻击航空母舰，但由于"剑鱼"式的"长寿"，使得其直接由"青花鱼"式鱼雷轰炸机的后辈——"菲尔利·梭鱼"式单翼鱼雷轰炸机替代。

"剑鱼"式鱼雷轰炸机从1944年开始被淘汰，战争时期这种机型一共制造近2400架。1945年5月21日，在德国投降之后，最后一个"剑鱼"式鱼雷轰炸机中队解散，而最后一个训练中队则到1946年夏季正式解散。至此，"剑鱼"式鱼雷轰炸机完全退出战争舞台。

2. 意大利"剑刃"

"如果把意大利海军比做一柄剑,那么塔兰托瘫痪了,这柄剑也就卷了刃。"有人分析意大利地理时,得出了这样的结论。

事实上也的确如此。塔兰托军事地位之重要,得益于它所处的地理位置和险峻的地形。意大利半岛像踏进地中海的一只靴子,塔兰托深藏于意大利靴形半岛的底部,在"靴子"的鞋跟和鞋掌之间,像一个向内弯曲的鞋弓弧,面对着浩瀚的东地中海,与西西里岛共扼着地中海的咽喉。

塔兰托由内港和外港组成,内港称为小港,面积较小,水深近12米,完全为陆地所包围,进入内港必须通过一条名叫"运河"的狭水道。外港较大,称为大港,水面又宽又深,是意大利海军的主要锚地,由一条水下防波堤所环抱。这条防波堤从隆地尼拉角向西南绵延至圣皮埃特罗岛,然后又继续延伸至圣保罗岛。圣保罗岛位于外港宽达1187米的入口北端,南面是一条被称为圣维托堤的防波堤,该堤从圣维托角东北1206米处开始,向东北延伸达1609米。圣皮埃特罗岛和圣保罗岛两个岛屿,犹如两尊门神守在入港的航道上,绵延数千米的防波堤从这两个岛一直延伸到岸上,如同两条臂膀将整个塔兰托港揽入怀中。

如此得天独厚的自然条件，加上完善的后勤保障设施，塔兰托毋庸置疑地成为意大利最重要的海军基地。那里常驻泊的舰只有5艘战列舰、9艘巡洋舰和若干驱逐舰——几乎囊括了意大利海军全部主力舰只。

正因为塔兰托驻有如此多的军舰，尤其是锚泊的战列舰和重巡洋舰几乎占意大利海军的70%。意大利海军高级指挥部深知，塔兰托有可能遭到空中攻击，因而采取了广泛的预防措施，以保护港内的舰艇。

意大利军队使用的探照灯

第三章 "判决"行动

航拍的塔兰托港

意大利军队对塔兰托的防御相当重视。塔兰托周边部署有21个90毫米高射炮连，其中8个连部署在港内的浮动筏上，加上军舰上的对空炮火，多达300门高炮和84挺高射机枪组成的防空火力，几乎可以覆盖整个港区。辅助防御设施还有22个探照灯、90个拦阻气球。完整的防空系统似乎完全称得上"固若金汤"。

意大利军的炮兵连数量不少，但武器陈旧，而且没进行夜间弹幕射击的装备；22个探照灯是现代化的，但只有2个与空中音响收听站相联结，只有13个在港区周围配置的位置适当；补充照明则由每艘舰上的2个探照灯提供；停泊在外港的舰艇需要长达12800

意大利军队的20毫米口径机关炮

米的防雷网加以保护，可意大利只设置了4200米，还有2900米的防雷网尚在岸上。因为某些海军高级军官反对设置防雷网——他们认为，防雷网妨碍舰艇进出港。在塔兰托的防御体系中，还有一个严重的缺陷，那就是没有施放烟幕的设备。

高炮部队没夜战能力是致命缺陷；探照灯虽然数量不少，但部署的位置不够合适；入港航道上还设有反潜网，军舰周围则有防雷网，只是防雷网深度仅8米，与海底还有一段空隙。英国军队充分了解这些后，将鱼雷深度设定为10米，刚好能够穿过防雷网，在军舰底部爆炸。

为了使防御更加完备，意大利还设置了大约90个拦阻气球。另有10个拦阻气球设置在岸上排列成一线，从塔兰托拉堤岸上的一端向东北延伸。其余拦阻气球系在大港北半部当中的浮筏上，成一线排列，向东北延伸到该港北岸。但这90个拦阻气球，在1940年11月初的风暴中损毁了63个，只有27个还能发挥作用。出人意料的是，如此巨大的损耗，意大利海军却没有及时补充整修。

11月11日，意大利舰队停泊在塔兰托的舰艇如下：

在大港，有2艘381毫米火炮的"维托里奥·维内托"号战列舰和"里多利奥"号战列舰，4艘320毫米火炮的"加富尔伯爵"号战列舰、"朱利奥·恺撒"号战列舰、"卡伊奥·杜里奥"号战列舰和"安德烈亚·道里亚"号战列舰，3艘204毫米火炮的"扎拉"号巡洋舰、"菲乌姆"号巡洋舰和"戈里齐亚"号巡洋舰，8艘驱逐

经典 百年海战大观 塔兰托之夜

"安德烈亚·道里亚"号战列舰

舰，即"福尔盖尔"号驱逐舰、"巴列诺"号驱逐舰、"福尔明"号驱逐舰、"兰波"号驱逐舰、"阿尔菲瑞"号驱逐舰、"乔伯蒂"号驱逐舰、"卡尔杜奇"号驱逐舰和"奥里亚克"号驱逐舰。

在小港，有204毫米火炮的"里雅斯特"号巡洋舰和"波尔萨诺"号巡洋舰，"格拉纳提瑞"号驱逐舰、"阿尔皮诺"号驱逐舰、"伯萨格利瑞"号驱逐舰、"富西利瑞"号驱逐舰、"利伯奇奥"号驱逐舰、"佩萨格诺"号驱逐舰；舰尾靠码头的有204毫米火炮的"波拉"号驱逐舰和"特兰托"号驱逐舰。

此外，还有154毫米火炮的"加里巴尔迪"号巡洋舰和"阿布鲁齐"号巡洋舰，"福列西亚"号巡洋舰、"斯特拉列"号巡洋舰、"达多"号巡洋舰、"萨特"号巡洋舰、"麦斯特罗列"号巡洋舰、"格列卡尔"号巡洋舰、"西诺扣"号巡洋舰、"卡米西亚内拉"号巡洋舰、"热尼列"号巡洋舰、"兰谢列"号巡洋舰、"卡拉比涅列"号巡洋舰、"科拉齐列"号巡洋舰、"阿斯卡瑞"号巡洋舰、"达列科"号巡洋舰和"乌首迪马列"号巡洋舰。在内港，还有5艘鱼雷艇、16艘潜艇、4艘扫雷舰、1艘布雷舰、9艘油船、补给船和医院船以及一些拖船和商船。

舰艇在港内如此配置，其目的是保证舰艇在遭受攻击时充分发挥其本身的火力。英国侦察机反复侦察早已被发现，意大利人将此视为英国人准备实施空中攻击的征兆。因此，每当夜幕降临时，舰艇便处于完全备战状态，主炮有一半的人员值班，而高炮则全员备

经典 百年海战大观 塔兰托之夜

"波尔萨诺"号巡洋舰

战。一旦发出警报,全部值更人员奉命隐蔽,不担任值班的人员则在舰内照常工作。

塔兰托港口基地司令阿图罗·里卡迪是对工作一丝不苟的人。他对自己的杰作非常满意,对不时来此视察的意大利海军官员拍着胸脯保证:"塔兰托固若金汤!火力、照明、拦阻都已勾连成网,任何一架飞机都别想钻进来!"

阿图罗·里卡迪充分估计到停泊在外港的舰艇有遭受航空鱼雷攻击的危险,但他指望能收到敌机接近的情报。他相信,一艘敌航空母舰如果在攻击距离以内驶近,那么在到达其舰载机起飞地点以前,必将被侦察机发现。然而,意大利负责的高射炮连对于塔兰托基地的安全却信心不大。在他们看来,舰队如能移至北面的那不勒斯,那就再好不过了。可是,坎皮奥尼将军不愿放弃塔兰托在战略上的有利条件,因为他希望利用这个有利条件来切断英国的补给线。尽管他为此做出了努力,但英国依然设法维持了对马耳他的补给。

★ "暴怒"号航空母舰

"暴怒"号是英国早期建成的航空母舰。它是由英国"暴怒"号巡洋舰改造成的,1918年4月完成改造。1917年,英国将一艘正在建造中的勇敢级大型轻巡洋舰的3号舰——"暴怒"号巡洋舰改装为世界上最早真正意义上的航空母舰。

"暴怒"号航空母舰最初作为装备2门150毫米主炮的巡洋舰定购，在建造过程中改为飞机母舰，前部改为飞行甲板。1917年11月—1918年3月期间增加后部着陆甲板。1919年加入后备役。

1922年6月—1925年8月期间，"暴怒"号航空母舰在达文波特船厂改装，前后飞行甲板贯通为一体。

1931年—1932年期间，它进行现代化改装，部分5.5英寸火炮被拆除，安装4英寸火炮。1939年，添加小型舰桥。

1941年10月—1942年4月期间，它在美国加长飞行甲板和加装美制高炮。1944年9月15日，它编入后备役，用作训练用途。1948年1月，它被出售拆毁。

3. 神秘"白色斑点"

一周之后，"光辉"号航空母舰加入了地中海舰队，3架美国制造的"格伦·马丁"式飞机（后来称为"马里兰"式）飞抵马耳他。

这3架飞机原是法国向美国订购飞机的一部分，拟作为远程轰炸机或侦察机使用。它们装箱就绪，在运送途中，恰逢法国陷落，于是美国便转送给英国。英国把这些飞机交付空军。英国空军当时正缺少这种高速的飞机，得到后异常高兴。英国战时内阁考虑到坎

"格伦·马丁"式飞机

宁安的需要最为迫切，所以命令首批装配的3架飞机编成第431普通侦察小队，飞往马耳他，由坎宁安指挥，以便对塔兰托进行充分、持续不断的侦察。

在飞往马耳他之前，机组人员对飞机进行了熟悉和夜间试飞。由于敌机活动，夜间试飞是在极困难的条件下进行的。第431普通侦察小队队长是怀特利，他经验丰富、技能娴熟，完全具备空中侦察所必需的智勇双全的素质。

第431普通侦察小队抵达卢达后，立即对意大利和西西里的港口进行了照相侦察。它们照相的范围北到那不勒斯，东至布林迪西，还侦察了意大利和北非港口之间补给线上的航运情况，以及爱奥尼亚海上的敌航行动情况。

此外，他们还奉命对意大利军队的海军基地，特别是塔兰托基地，逐日进行侦察。他们从马耳他岛起飞，在大约5000米高空拍了塔兰托港的照片。第431普通侦察小队的侦察进行得十分顺利，几乎没受到意大利军队阻挠。更令人奇怪的是，尽管英国侦察机不断地出现在塔兰托上空，但意大利的防御兵力和船舰驻泊情况几乎没什么变化。

驻开罗的英国空军中东指挥部成立了一个照片判读小组。"马里兰"式飞机第431侦察小队拍摄的照片被送到那里进行研究。利斯特的助理作战参谋戴维·波洛克奉命同照片判读小组一起进行了为期5天的判读科目研究。

第三章 "判决"行动

英国伦敦防空时使用的飞艇

在和平时期,波洛克的职业是律师,但他酷爱航海。他的职业和爱好相互结合,非常有利于他目前所从事的工作。他搞到一个立体镜,把同一地区的两张照片并列地放在一起,用立体镜仔细观察,照片便产生了立体效果。他看到了照片上的阴影,推断出了在普通照片上发现不了的情报。

波洛克在判读那些照片时发现,塔兰托港内停有5艘战列舰和若干艘巡洋舰、驱逐舰。照片上还有许多小白点。

一架"剑鱼"式鱼雷轰炸机正在进行攻舰练习

第三章 "判决"行动

起初，人们以为那是洗印时出的毛病，或者是相机镜头上有污斑导致的。但波洛克仔细研究后，发现小白点排列颇有规律，间距大致相等。于是，波洛克同英国空军专家约翰·琼斯一道对照片进行了反复研究。他忽然想到，那些神秘的小白点可能就是拦阻气球。

如果波洛克的猜测正确的话，那么攻击塔兰托的方案就需要修正。波洛克费了一番周折，把照片带到亚历山大港，给坎宁安的参谋长威利斯看，请"光辉"号航空母舰舰长博伊德和一批老飞行员进行鉴别。威利斯同意波洛克对照片上小白点的看法。他们一致认为，小白点不是冲洗毛病，多半是拦阻气球。气球用钢缆系留，当飞机从上空进入时，有可能撞上钢缆，割断机翼，如果是那样就惨了。

随后，波洛克返回"光辉"号航空母舰把照片复印了出来。波洛克请求将这项重要情报送交舰队总司令确认。之后，他返回所在的军舰等候消息。

由于这份情报及时送到，并在地中海舰队离港之前呈交给坎宁安，坎宁安对攻击计划进行了修正。他将照片分发给"剑鱼"式鱼雷轰炸机上的飞行员。他们对照片进行了反复计算，算出气球间距大约为270米，飞机可以从系留的钢缆中间飞过。

但是，如果摸黑穿行或者只凭借月光，就看不清楚钢缆。因此英国军队决定要使用照明弹，要派几架"剑鱼"式鱼雷轰炸机，改挂照明弹和炸弹。它们在港口东岸投掷照明弹照亮目标；携带鱼雷的飞机则从西南和西北方向发起攻击。投掷照明弹后，这几架飞机再用携带的炸弹去轰炸港口设施。

11月11日晨，一架"剑鱼"式鱼雷轰炸机被派往马耳他去取由"马里兰"式侦察飞机最近拍摄的塔兰托的照片。第一突击波的负责人威廉森和第二突击波的负责人黑尔对这些照片进行了详细的研究。那些新拍摄的照片质量很好，照片上5艘意大利战列舰清晰可见，白色斑点也一目了然。

傍晚，一架为密切监视敌舰动向而进行巡逻的"桑德兰"式飞机报告说，所有军舰均在港内，丝毫没有离港的迹象，且第6艘战列舰同其他5艘战列舰在一起。英国不再担心敌舰在攻击之前出海了。

威廉森决定他的中队从2438～3048米高度接近塔兰托港。然后，他带领先头飞行小组中的两架鱼雷轰炸机下滑，从西面飞越塔兰托拉堤；与此同时，另外一个飞行小组将从西北面进入。他采取从两个方向实施攻击的方式，是企图迷惑意大利的对空防御。但是，在任何情况下，每一个飞行员都应机断行事，特别是在对方的高射炮火比预料的更为猛烈或者拦阻气球妨碍飞机接近时，更应如此。

黑尔选择从西北方向成纵队接近。他估计这样会使飞行小队更好地进入，而且也会更有把握命中，因为飞机从这个角度进入，意

防空飞艇

大利战列舰彼此交错。从西北方向接近的不利条件是，飞机必须从内外港之间运河两岸的高射炮连附近通过，且还要穿过一排系在目标西北驳船上的拦阻气球。但权衡利弊之后，他们认为这种冒险值得。拦阻气球的间隔约为273米，而"剑鱼"式鱼雷轰炸机的翼展小于14.6米。因此，飞机十之八九可以从两个拦阻气球的中间穿过，而不碰触金属线。

意大利战列舰泊地的平均水深为15米，"剑鱼"式鱼雷轰炸机所装备的鱼雷，是457毫米标准式MXII型鱼雷，其设定航速为27节，定深为10米，装有"光辉"号航空母舰从英国带来的、在战争爆发前刚装备部队的双引信。这种引信不同于普通触发引信，内有一个感应装置，当鱼雷从舰船下通过时，受敌舰磁场影响而工作，点燃发火药，引起雷头爆炸。舰艇底部比两舷防护力差，易于损毁。因此使用双引信是为了增强攻击的效果。这种引信也有一些缺点。其中一个缺点是，装有这种引信的鱼雷在浪中航行时，可能过早爆炸。

在攻击塔兰托时，不一定会出现这种情况，却面临着另外两个问题：一、为了尽量避免投雷角太大致使鱼雷在按预定深度行进以前有碰触海底的危险，飞机投雷时要在45米高度上保持水平飞行或机头稍稍向下；二、投雷的水深不得少于11米，离目标的距离必须大于274米，因为鱼雷在走完这段距离之前，保险装置会一直阻止引信起爆。

第一个问题只能靠驾驶员来解决。第二个问题的解决办法是，把鱼雷装上飞机之前将鱼雷的安全距离缩短。尽管这样做会招致一定的危险，但机组人员还是采纳了这种做法。轰炸机携带 6 枚穿甲炸弹，每枚重 112 千克。负责投掷照明弹的飞机，每架除携带 16 个照明弹外，仅携带 4 枚炸弹。

当然，这一切意大利海军当局一无所知。

★防雷网

在 1940 年 7 月 11 日 "庞卡耳多" 号战列舰在奥古斯塔港被空投鱼雷击沉后，意大利海军总部对空投鱼雷袭击港内舰船的可能性日益重视，下令所有海军基地增设水下防雷网。防雷网是一种用金属制成的防雷设施，设置在大型军舰周围或侧旁，防护军舰吃水线以下的舰体遭受攻击。这样，飞机投下的鱼雷只能炸中防雷网，对舰船却毫无威胁。

4."判决"延期

为了达到奇袭效果,坎宁安安排了一系列迷惑敌人的活动。英国海军除向亚历山大港增援一批舰只外,仍照常以护航方式,保持马耳他和亚历山大港之间的航行,用以麻痹意方。

由萨默维尔率领的驻直布罗陀舰队也采取了频繁的配合行动,以分散意大利海军的注意力,引导他们加强对地中海西部的巡逻。11月9日,意大利作战部门曾发现在塔兰托以南300海里海域有英国军舰,但误认为是英国军舰的常规护航行动。实际上,这是突击塔兰托的航空母舰编队。意大利军方的这一失误,为英国舰队奇袭的成功增添了有利因素。

坎宁安和利斯特进一步精心细化了作战计划。他们将参战兵力分为五大战术群。

第一群是突击群,由"光辉"号航空母舰和"鹰"号航空母舰以及为它们警戒的4艘巡洋舰和4艘驱逐舰组成,由30架舰载"剑鱼"式鱼雷轰炸机担负攻击任务。突击的主要目标是泊于塔兰托港的意大利海军战列舰。为了达到攻击的突然性,他们将突击时机选在夜间。

第二群是掩护群,由2艘战列舰、2艘巡洋舰和12艘驱逐舰组

"鹰"号航空母舰甲板上的机群

成，配置于塔兰托与突击群之间，准备随时截击离开塔兰托的意大利舰只。

第三群是侦察群，由驻马耳他的飞机组成，任务是对塔兰托港实施不间断地侦察，提供塔兰托港内敌舰船驻泊和防御等方面的情报。

第四群是佯动群，由3艘巡洋舰和2艘驱逐舰组成，其任务是在袭击塔兰托那天晚上，突击奥特朗托海峡的意大利船队。

第五群是扩大战果群，由驻希腊机场的轰炸机大队编成，其任务是在袭击塔兰托的第二天，前去轰炸塔兰托的船坞，使意大利人无法修复受伤的军舰。

但这时,利斯特遇到了困难。"光辉"号航空母舰和"鹰"号航空母舰搭载的"剑鱼"式鱼雷轰炸机是一种老掉牙的飞机,最高时速只有256公里/小时,让它们在夜间溜进塔兰托港贴着水面低飞,在距目标几百米时投下鱼雷,那无异于冒险。但利斯特没有退缩。他遴选了一批经验丰富的飞行员,抓紧进行夜间训练。

经过一段时间的刻苦训练,利斯特向坎宁安报告,"光辉"号航空母舰和"鹰"号航空母舰有30架飞机做好了准备。

坎宁安决定于10月21日发起突袭。他选择在这天突袭是颇费心机的,首先21日晚上是满月,皎洁的月光有利于飞行员发现目标,也有利于返航时发现己方的航空母舰;其次10月21日是英国海军的吉日——1805年10月21日,即135年前,英国海军名将纳尔逊率领英国舰队在特拉法尔加海战中,击败了法国和西班牙的联合舰队。

可惜,人算不如天算,这个精心安排的时间表不巧被一点意外迸起的火星焚之一炬——在备战时英国军队发生了事故。

"剑鱼"式鱼雷轰炸机携带鱼雷时的航程只有885公里。因为英国希望能在航空母舰不被发现的地方出动飞机实施这次攻击,所以上述飞行距离是不够的。于是,不得不在每一架飞机的观察员座位上用金属条固定上一个272升的油箱。这就是说要减少一名空中射击员,而观察员不仅在工作时要受到油箱的妨碍,而且当飞机在

火灾中一架受损的"剑鱼"式鱼雷轰炸机被吊离甲板

加速准备起飞时还有被油箱溢流管溢出的汽油打湿的危险。

　　正当"剑鱼"式鱼雷轰炸机在机库内进行这项远程油箱的装配工作时，一个地勤人员在安装副油箱时不慎滑倒，手里的螺丝刀擦碰到了飞机驾驶舱内的一对通电的电路接头。撞击产生的火花点燃了从油箱泄漏到机库地板上的航空汽油，随即燃起了大火。火势迅速蔓延至周围的飞机。

　　尽管机库里的自动喷淋灭火机迅速喷出海水，不久消防队也投入了灭火战斗，喷雾灭火器也打开了，不一会儿火焰就被扑灭了，但火灾造成的后果仍然严重。有2架"剑鱼"式鱼雷轰炸机在火灾中被烧毁,更要命的是机库里的飞机都被海水淋湿,必须要用淡水冲洗,再进行干燥,而这一切都需要时间。显而易见,即使昼夜24小时不停地工作,他们也不可能在选定的攻击日之前把两个中队的"剑鱼"式鱼雷轰炸机准备就绪。

坎宁安随机应变,把攻击日期推迟到11月11日,行动代号为"判决"。

利斯特所制订的攻击塔兰托的计划,由于种种原因不得不做极大的修改。这些原因是:发现了拦阻气球和防雷网;"鹰"号航空母舰不能参战,可用飞机的数量减少了;以及3架"剑鱼"式鱼雷轰炸机坠毁。最后攻击计划的修改部分如下:"光辉"号航空母舰及担任掩护的巡洋舰和驱逐舰将开往"X"阵位,该阵位距克法利尼亚的卡波角6公里,方位270°,并于11月11日20点通过该阵位。

英国之所以选定这样一个时刻,是为了减少遭受水面舰艇攻击的危险。英国认为,英国军舰遭受水面舰艇攻击比被侦察机发现的危险性更大。事实证明,意大利的侦察飞机在英国舰队航空兵战斗机的英勇抗击下,难以接近舰队。

鉴于可供使用的"剑鱼"式鱼雷轰炸机仅有21架而不是原定的30架,参加攻击的飞机被编为两个机群,分别由12架和9架飞机组成。每个机群有6架飞机携带鱼雷,其余携带炸弹。由12架飞机组成的第一突击波,将在"光辉"号航空母舰驶抵"X"阵位

第三章 "判决"行动

"剑鱼"式鱼雷轰炸机从"光辉"号航空母舰甲板上起飞

时起飞。

当时之所以选定"X"阵位是因为,从该阵位起飞,飞机的总航程不超过 885 公里。鉴于拦阻气球和防雷网限制了有利投掷点的数量,实施轰炸的飞机将携带照明弹。由 9 架飞机组成的第二突击波将于第一突击波出发后一小时起飞。

预期第一突击波将于 12 日 1 时在卡波角方位 270°、距离 32 公里的地点开始回收。15 点 43 分月出,23 点从塔兰托看去,月亮的方位为 197°,高度 52°。

第一突击波拟从塔兰托湾的中部上空飞过,从西南方向接近塔兰托港。6 架担任轰炸任务的飞机首先沿港口的东部边缘投掷照明弹以照射目标,然后开始轰炸停泊在小港的巡洋舰和驱逐舰。

这次攻击计划的大概轮廓传达到"光辉"号航空母舰上舰载机的驾驶员和观察员后,两个突击波的领队再根据计划分别制定更为详细的攻击方案。

飞机昼间在大洋上实施鱼雷攻击尚是十分困难的事。一艘停在港内的舰只宛如一只浮在水上不动的鸭子,如果港湾防御严密,再加上夜暗条件,那么飞机实施鱼雷攻击的困难就更大。这不仅要求飞行员头脑冷静和情绪镇定,而且还要善于判断情况,因为这时需要依靠眼睛,而不是仪器。

第一件事是辨认目标和确定接近的方法。不管预先的计划如何详尽和上级命令如何明确,这件事只能在现场决定。向水平面俯冲必须确保飞机恰好能投掷鱼雷。如果有气球拦阻，则必须调整航向，避开气球或从两个气球的间隙中穿过，而不要去注意敌人的高射炮火。选择改出俯冲的时刻，不能依靠高度表，因为高度表会导致时间上的延误。

因此，这是一个经验问题，可以利用目标的已知高度来帮助判断。飞机必须直对目标，而且在投雷之前必须使飞机的两个轴保持水平状态，否则鱼雷将不会照直前进。最后，投掷鱼雷的距离不得少于275米，因为在这个距离以内鱼雷的引信处于保险状态，即使碰上了什么，鱼雷也不会爆炸。在投雷之前或爬高退出时，飞机最

"光辉"号航空母舰甲板上挤满了"剑鱼"式鱼雷轰炸机

易受攻击，因为现代化军舰具有毁灭性的近距离火力，飞机幸存的机会甚少。

原计划出动30架"剑鱼"式飞机，由"光辉"号航空母舰和"鹰"号航空母舰分别搭载，驶抵X阵位。无奈"鹰"号航空母舰随坎宁安转战一年，曾多次遭到意大利岸基飞机攻击，使它饱受折磨，输油管线严重受损，迫切需要检修。"鹰"号航空母舰不得不留在亚力山大港，只将6架飞机转移到了"光辉"号航空母舰上。"光辉"号航空母舰限于机库容量，未能装下余外的6架飞机。英国军队的攻击兵力，一下子减为24架飞机。

受损后的"鹰"号航空母舰

第三章 "判决"行动

"剑鱼"式鱼雷轰炸机起飞前

9日，一架"剑鱼"式鱼雷轰炸机从"光辉"号航空母舰上起飞，执行例行反潜巡逻任务。不久，发动机出现了故障，飞机一头栽向了大海。随后两天，又有两架"剑鱼"式鱼雷轰炸机莫名其妙地失事。

"光辉"号航空母舰的飞行指挥官詹姆斯·罗伯逊在操纵飞机方面具有非凡才能，被舰员们称为"流线型人物"。他决定查明3架"剑鱼"式鱼雷轰炸机罕见失事的原因。这3架飞机都属于第819中队，使人联想到失事是因燃料污染引起的，而不是发动机发生故障所致。

詹姆斯·罗伯逊命令第819中队立即将其余9架飞机的油箱全部排空，对油料进行检查。结果，他们发现油料中混有水和沙子，油箱中生长了一种花彩状真菌之类的东西。经进一步查问，他们发现：飞机上的油箱都是从机库中同一个补给点灌油的——这表明舰上的一个油箱被污染了。事情倒不难解决，但他们的攻击兵力又损失了3架飞机。

罗伯逊总结说，这可能正是造成飞机发动机停摆的原因，要不就可能是其他原因。然而，不管是什么原因，重要的是现在已经发现了它，这将避免在攻击塔兰托时发生灾难性的事故。

根据预先计划，在对意大利舰队基地实施攻击的同时，由普里德姆·威佩尔指挥的轻型兵力将开进亚得里亚海执行战斗巡逻任务。11日13点10分，这支轻型兵力离开舰队去执行预定任务。18

"厌战"号战列舰

点,"光辉"号航空母舰在"格洛斯特"号巡洋舰、"伯威克"号巡洋舰、"格拉斯哥"号巡洋舰和"约克"号巡洋舰的掩护下,离开舰队主力,准备发起"判决"战役。

11月6日13点,坎宁安登上"厌战"号战列舰,率领庞大的地中海舰队从亚力山大港起航,浩浩荡荡向西挺进。编队中,有"勇士"号战列舰、"马来亚"号战列舰、"雷米利斯"号战列舰,"光辉"号航空母舰,"格洛斯特"号巡洋舰和"约克"号巡洋舰,以及数十艘驱逐舰。

为了麻痹意大利人,在地中海舰队出航后,英国皇家海军同时加强了地中海东部的航运,4支运输船队相继出发,以造成地中海舰队出航是为了掩护运输船队的假象。

21架飞机分为两个攻击波,第一波12架,第二波9架。第一波可能是突然袭击,有6架飞机携挂457毫米MXII型鱼雷,鱼雷装有刚刚研制成功的双引信——触发引信和感应引信。鱼雷航带定为27节,深度定为10米。由于鱼雷定深大于8米,可以从防雷网下方通过,钻到敌舰底部起爆。引信装有安全装置,当鱼雷挂上飞机或投掷入水时,都不会因飞机磁场或触水的影响而爆炸。意大利海军战列舰是主要打击目标。最近的侦察表明,5艘战列舰仍待在港内。

英国军队地中海舰队将投入此次战役的兵力分为五部分:

第一部分是由"光辉"号航空母舰、"鹰"号航空母舰、4艘巡洋舰和4艘驱逐舰组成的突击群，以航空母舰上的舰载机为主要突击力量，对塔兰托军港内的意大利军队军舰实施突击；

第二部分是由2艘战列舰、2艘巡洋舰和12艘驱逐舰组成的掩护群，部署在突击群与塔兰托之间海域，负责迎击意大利军队可能出海的军舰；

第三部分是驻马耳他岛岸基航空兵组成的侦察群，对塔兰托实施不间断地侦察监视，向突击群提供必需的战术情报，保障突击作战的成功；

第四部分是由3艘巡洋舰和2艘驱逐舰组成的佯动群，攻击意大利军队海上护航运输船队，作为佯动；

第五部分是由驻希腊的空军轰炸机部队组成的扩大战果群，将

英国南安普顿级巡洋舰

在突击的次日再次组织空中打击，进一步扩大战果。

★英国皇家海军航空队

英国皇家海军装备飞机一事，曾遭到极力反对。因此，1907年3月，当莱特兄弟向英国海军部提供飞行器专利权时，英国皇家海军婉言拒绝了。

当时，在英国皇家海军高级军官当中，只有第一海务大臣约翰·费希尔意识到了出现这项发明创造的可能。一年之后，他指派瑞金纳德·培根去法国采访报道在兰斯举行的首届国际航空比赛。那一年，路易斯·布莱瑞特飞越英吉利海峡，使英国的安全受到了威胁。

费希尔意识到在飞行技能中蕴含着一种获得敌舰队在港湾和海上配置有关情报的手段。而且显而易见，在开始时，轻于空气的航行器比重于空气的航行器更适合于执行猎取情报的任务。德国海军也持有同样看法，并极力鼓励康特·齐柏林研制了名噪一时的硬式飞艇。

英国皇家海军第一架飞艇是"蜉蝣"号飞艇，长155.5米，花了两年时间才制造出来，但寿命仅有4个月，它在1911年9月29日移出机库时，被一阵狂风袭毁。这场灾祸在一定程度上减弱了英国皇家海军对航空事业的热情和积极性。只是由于新成立的皇家航空俱乐部的两名成员弗朗西斯·麦克莱恩和科伯恩的大力协助——

第三章 "判决"行动

德国的"齐柏林"式飞艇

他们主动借给英国海军部飞机,并对选拔的军官进行飞行训练——英国皇家海军的航空事业之火才又复燃了起来。报名参加飞行的人员多达200余名,但从中仅优选了4名,后来又增加了1名。他们经过为期6周的初步训练,全都荣获了皇家航空俱乐部飞行员证书。

与此同时,另一名军官施万恩自己出资购买了一架飞机。施万恩在飞机上装上了浮筒,使飞机能够在水上起落。这些早期的飞行员充满了热情。不久,他们便从军舰上设置的专门平台上起飞,由此也就开始了水上飞机的制造。英国皇家海军这时深有感触,兴致勃勃地为海军飞机拟定了所能承担的任务。这些任务是:侦察敌港口;侦察海上己方舰队的周围地区;测定潜艇位置;探明雷场;为舰队火炮测定弹着点。

1912年，英国皇家海军航空兵诞生了。1911年11月，英国首相阿斯奎斯曾请求帝国防务委员会考虑以下事宜："为海军和陆军进行空中导航的远景；为确保国家拥有航空事业所能采取的手段；以及是否采取某些步骤以协调陆、海军中的航空研究。"

英国皇家飞行队包括一个海军联队和一个陆军联队，同时还包括一个由12人组成的航空委员会。此外，他们准备建立一个飞行员中心机构，飞行员从陆、海军军官中抽调，在中心学校受训后，

"剑鱼"式鱼雷轰炸机安装浮筒，就可在水面起降

为陆军、海军执行任务。上述建议于1912年5月11日获得英国国会批准。

1914年7月1日，英国皇家飞行队海军联队正式命名英国皇家海军航空队，并成为英国海军的助手。由于丘吉尔积极支持，新成立的皇家海军航空队逐步扩大。当战争于1914年爆发时，皇家海军航空队已拥有7架飞艇、52架水上飞机和39架飞机，以及一支约有138名军官和600名士兵的队伍。皇家飞行队是陆军的一部分，将随同陆军开往法国，而皇家海军航空队则负责英国的空防。这个任务对皇家海军航空队来说，并不真正合适，后来取消了。

与此同时，海军部发现水上飞机航程太短，难以在舰队前方执行侦察任务。因此，需要用舰艇把水上飞机运至作战地区。于是，"竞技神"号巡洋舰和一些商船就被改装成水上飞机母舰，装上了水上飞机的维修和起降设备。

英国海军部在费希尔的有力指导下，特别是在德国潜艇威胁日益明显以后，开始执行扩大皇家海军航空队的宏伟计划。皇家海军航空队由于沃恩福特的战功，荣获了第一枚维多利亚十字勋章。

在国外，皇家海军航空队在支援达达尼尔作战活动中不断获得新的荣誉，并在1915年8月12日建立了不朽业绩。同年11月19日，皇家海军航空队荣获了第二枚维多利亚十字勋章。

皇家海军航空队当时所装备的飞机五花八门，在飞机保养备件供应方面的困难越来越多。1916年初，海军部开始对皇家海军航空队进行整编，决定集中装备三种主要类型的飞机：一种是航程为480公里，携带一枚重227千克炸弹的大型轰炸机；另一种是速度快、上升率高、装有一挺"协调"式机枪的单座战斗机；第三种是携带一枚鱼雷的水上飞机。

著名的飞机设计师索普威斯应邀设计一种能携带一枚457毫米鱼雷的飞机。1917年6月，他研制出"卡克扣"式飞机。这是一种用木料和织物制成的单座飞机，装有一台200马力的发动机，时速可达158公里。这是第一架装有这种发动机的轮式飞机。试验证明，这种飞机十分成功，但直到1918年10月，这种飞机的第一个作战中队才加入舰队，因此没有经受战争洗礼。

由于英国公众对"齐柏林"式飞艇悍然袭击英国发出了强烈的呼声，由于在法国西线出现了优于皇家飞行队的德国飞机，由于英国海军同陆军在飞机的供应上发生了争执，英国出现了一场危机。为此，英国政府立即召开了会议，决定在劳埃德·乔治首相的领导下成立一个委员会，负责调查处理这场危机。乔治选派斯马茨作为他的代表。斯马茨是战时内阁的成员，是政治家、军人、哲学家和律师，却没有才能胜任此项任务。米尔纳勋爵是一位爱好劝谏的人。他曾写信给斯马茨，指责英国陆军部和海军部的人不理解他们所面临的是一种新型的战争，飞行人员"除了向陆军和海军提供援助之外，还必须独立作战"。这种看法同福煦的观点是不一致的。

第三章 "判决"行动

福煦认为,作战飞机的首要职责是支援地面部队,一般不应寻求空战,除非为了支援地面部队才这样做。委员会只经过四个星期的审议,就建议将皇家海军航空队和皇家飞行队合并为一个军种,称为皇家空军,由单独的空军部领导。此外,拟保留"一小部分受过专门训练的兵力,同海军一起活动;另一小部分兵力同陆军一起活动。这两部分兵力将来可能变成皇家海军这个较老军种下的一个兵种"。尽管人们希望总有一天会重建单独的一支海军航空兵,但这种希望只是在海军部和新建的空军部之间经历了一场旷日持久的激烈斗争之后才得以实现。

显而易见,航空母舰的设计对于海军航空兵未来的发展是个重

英国皇家海军航空队飞行员

要的因素。1917年海军部接收了22000吨的"阿尔米兰特·科克伦斯"号航空母舰。当时这艘舰正在英国克莱德的阿姆斯特朗造船厂建造。该舰经过重新设计，备有贯通全舰的飞行甲板，右舷设有包括舰桥和驾驶室在内的岛形上层建筑。这种设计布局是一种创新，它成了以后大多数航空母舰的标准样式。

"阿尔米兰特·科克伦斯"号航空母舰于1918年6月8日下水，而且和"阿格斯"号航空母舰一样，用"鹰"号航空母舰名服役了很多年，一直到第二次世界大战期间沉没为止。

与此同时，海军当局与阿姆斯特朗造船厂签订了设计一艘航空母舰的合同，合同规定龙骨以上部分的建造就按上述标准样式进行。这艘舰命名为"竞技神"号航空母舰，其舰体尺寸仅及"鹰"号航空母舰的一半，但它也服役了将近20年。"鹰"号航空母舰于1922年服役，而"竞技神"号航空母舰晚一年服役。

1922年，美国、英国、日本、法国、意大利等国签订了关于军备限制的《华盛顿海军条约》。两年之后，海军部就海军所需航空母舰和飞机的数量及其战术使用进行了分析估量。3艘航空母舰，即"暴怒"号航空母舰、"鹰"号航空母舰和"竞技神"号航空母舰（"阿格斯"号航空母舰不当作一艘战斗舰艇，未计算在内）总计55900吨，而按照《华盛顿海军条约》规定，英、美两国可各拥有总计80000吨的航空母舰。此外，任何一个国家只要愿意，还可建造两艘每艘不超过33000吨的航空母舰。英国将"勇

第三章 "判决"行动

"胜利"号航空母舰与"光辉"号航空母舰编队航行

敢"号快速战列巡洋舰和"辉煌"号快速战列巡洋舰改装成航空母舰。可是，这些舰只一直到1928年才加入舰队，而且英国尚有24000吨差额。

1937年，由于第一海军大臣厄恩利·查特菲尔德爵士的决断，海军部重新获得了对舰队航空兵的行政管理和作战指挥权。

不过，这可是一场历时长久、艰苦卓绝、有时令人伤感的斗争，而且在某种意义上说，英国皇家海军为这场斗争的胜利付出了极大代价，因为另一次大战已迫在眉睫，没有充分时间去弥补对航空兵20年分散指挥所造成的缺陷。

幸而，1936年，德国的侵略态势促使英国政府批准了重整军备的预算，签订了建造2艘光辉级航空母舰的合同。次年，又订购了2艘。

在1938年和1939年，海军又分别做出预算，每年各建一艘改进型的光辉级航空母舰。这样，当1939年战争爆发时，英国共有6艘航空母舰正在建造，其中2艘已经下水。而第三艘航空母舰"胜利"号航空母舰于9月14日即宣战后第10天下水。

第四章
夜袭塔兰托

★ 战斗的帷幕拉开了,"塔兰托之夜"永远留在了意大利人的记忆里。
★ 意大利人困惑了,英国一艘或数艘航空母舰怎么就能够接近到对塔兰托实施突击的距离以内而又不被空中侦察机发现呢?
★ "塔兰托之夜",意气风发的英国人同时收拾了4艘倒霉的意大利商船。
★ 最初,收到这些用密码书写的、反映这场巨大胜利的战斗报告时,英国海军部甚至都不敢相信是真的。

1. 捅翻"马蜂窝"

11月11日18点,"光辉"号航空母舰及其编队满载着"剑鱼"式鱼雷轰炸机,从地中海中部取东北航向,以27节的时速破浪前进,驶向希腊克法利尼亚岛以西40海里处的起飞水域。为它护航的是"格活斯特"号巡洋舰、"伯威克"号巡洋舰、"格拉斯哥"号巡洋舰、"约克"号巡洋舰和4艘驱逐舰。

19点,突击群到达塔兰托东南170海里的希腊克法利尼亚岛附近海域的出发阵位,开始最后的临战准备。21架参战飞机被涂上了统一的编号。"光辉"号航空母舰上的舰载机以L为识别字母,从"鹰"号航空母舰转来的舰载机则以E为识别字母。

此时,地中海的海面微波起伏,月亮爬出了海平面,皎洁的月光洒落飞行甲板,为飞机机身涂上一层银白色的光辉。机械师和地勤人员帮着飞行员爬进敞开的座舱。当舰队驶达塔兰托东南方向170海里的出击阵位时,转向迎着风向行驶。飞机需要逆风起飞,这样可以增加升力。

"光辉"号航空母舰在平静的地中海海面上迎风劈波前进,在翼侧担任掩护的是"格洛斯特"号巡洋舰、"伯威克"号巡洋舰、"格拉斯哥"号巡洋舰和"约克"号巡洋舰以及4艘驱逐舰。在航

第四章　夜袭塔兰托

"约克"号巡洋舰

"伯威克"号巡洋舰

空母舰的机库中，飞机装配工正在对21架"剑鱼"式鱼雷轰炸机进行最后检查。这些舰载机因其机翼呈折叠状态，显出一副稀奇古怪的样子，这是为了便于在空间有限的机库内停放，也是为了便于用升降机运往飞行甲板。

在飞机运往飞行甲板之前，每个飞行员都要检查他的飞机，查验操纵系统，试验鱼雷投掷装置以及确认飞机的一切装置是否均处于良好工作状态。他们还必须确信应急口粮已装上飞机，因为这是在飞机不幸被击落时飞行员和观察员逃生计划的一个内容。观察员前往舰上的空中情报处接受最后的指令，并最后一次审视一下塔兰托港的照片。

第四章　夜袭塔兰托

作为领航的观察员，受领了一项重要任务，即在4个小时内引导飞机往返飞行于目标和航空母舰之间，并再次找到航空母舰——这在黑乎乎的海上只是一个小圆点。幸好，他们可以借助克法利尼亚岛进行识别，因为航空母舰就在该岛附近；而且他们一进入距离航空母舰43海里的范围内，就能发现航空母舰上的归航信标。

当然，也可能出现一种不堪设想的情况，这就是"光辉"号航空母舰可能遭受敌人截击，导致不能进行预定的会合。

第一批次空袭编队队长肯尼思·威廉森驾驶编号为L4A的飞机第一个起飞，紧接着其余11架飞机也依次起飞。在2300米高度，

肯尼思·威廉森驾驶的"剑鱼"式鱼雷轰炸机

编队以 3 机为单位排成品字形，以 140 公里/小时时速向塔兰托前进，但飞行中有 4 架飞机在穿云时与大队失散。

在 12 架飞机中，4 架挂炸弹，2 架携带照明弹和炸弹，6 架各携带一枚 457 毫米 MXII 鱼雷。4 架飞机各携带 6 枚 112 千克半穿甲弹，作为轰炸机；还有 2 架飞机各携带 4 枚 112 千克半穿甲弹和 16 枚照明弹，作为照明机，为其他飞机进行照明，以保障攻击成功。

之所以特别安排照明机，是因为英国军队在战前空中侦察中，发现意大利军队在塔兰托部署有拦阻气球。为了分散意大利军队的防空火力，攻击机群将从几个方向发动攻击，有一部分飞机必须要穿过拦阻气球之间的空隙，照明机投掷照明弹就是为了使那些飞机能够看清拦阻气球的系留钢缆，在穿越时不至于发生意外。

意大利 21 个高炮连枕戈待旦，见突然出现如此多敌机，21 个 90 毫米高射炮阵地和大量 37 毫米、20 毫米机关炮开始猛烈地对空射击。

19 点 45 分，"光辉"号航空母舰的航速增至 28 节。当机舱内的值更技师打开阀门向涡轮机送气时，锅炉房补充燃烧器的开关也打开了，以便增加所需的额外动力。随着机器轰鸣，这艘巨大的军舰在颤动。

飞行指挥官在舰桥下方一个特设的舰侧突出部就位，从这里看得到模糊不清的飞行甲板和在甲板上走动的憧憧人影。当他有些生气地询问第一批飞机起飞的准备情况时，得到的回答是：由于飞机

第四章 夜袭塔兰托

英国皇家空军飞行中的轰炸机

加油，时间稍有延误。

随后，军舰的播音系统响起了8只警铃低沉的声音，12架"剑鱼"式鱼雷轰炸机中的最后一架被运至飞行甲板，停放在其余11架飞机旁边。警报鸣音器响了，发动机在启动，驾驶员和观察员已穿好飞行服和救生衣，爬上各自的飞机，在装配工的协助下系紧了他们的降落伞背带。发动机加快了转速，驾驶员检查了滑油压力，并熟练地扫视了驾驶舱内许多刻度盘。观察员戴上耳机，竖起图板和领航设备，接通了同驾驶员的机内通信系统，并试验了通话。领队机发出一道淡绿色的闪光，向罗伯逊表示，飞机准备起飞。

罗伯逊把这一情况报告了博伊德。博伊德极力掩饰自己的激动心情，以一种单调的声音下令起飞。一道绿光从飞行控制系统发出，检修工和飞机装配工俯卧在甲板上，迅速甩开防止飞机滑动的钩垫。驾驶员加大油门，飞机沿着飞行甲板加速前进，接着腾空而起，消失在茫茫的夜色之中。

19点55分，塔兰托夜晚的平静首次被打破了。意大利军队一个音响收听站侦听到了塔兰托港南面有飞机声音，并报告了指挥部。可是，意大利军队的指挥部认为，这不过是另一架英国军队的侦察飞机，未予重视。

大约10分钟之后，其他许多空中音响收听站也报告说，发现了可疑声音。于是，塔兰托要塞指挥官才下令发出警报。炮手们操

意大利军队部署的拦阻气球

驾驶室内的英军飞行员

纵着火炮，老百姓匆匆进入防空掩蔽部。一个高射炮连开了火，但很快又停止了射击。收听站报告说，飞机的声音已经消失，入侵者似乎已离开。不一会儿，警报解除，一切又恢复了平静。

45分钟后，海湾东部的一个空中音响收听站再次报告说，发现了可疑声音。于是，意大利军队又响起了警报。事实上这两次混乱都是英国中东指挥部第228中队派出的一架"森德兰"式飞机所造成的。这时，它正在塔兰托上空巡逻，密切监视着意大利舰队的动静。混乱的声音再次消失，塔兰托又恢复了平静。影影绰绰的意大利军舰停泊在宽阔的港湾内。

"'光辉'号航空母舰离开舰队时，须调整航向航速，于20点通过'X'阵位！"这是利斯特向这艘航空母舰舰长下达的命令。命令继续写道："快速走完第一段航程后（即第一突击波起飞完毕），向右转向180°，航速17节；然后第二次向右转向180°，并于21点再次通过'X'阵位，航向航速的调整同前。"

第815飞行中队的12架"剑鱼"式鱼雷轰炸机中的8架终于飞出了云层，飞行速度为75节，高度为2286米。现在，飞行小队长威廉森能够对形势做出估计了。有4架飞机掉队，其中1架鱼雷轰炸机，3架轰炸机，它们是在爬高时失去了联系的。威廉森对3架轰炸机倒不怎么在意，他所关注的是那架掉队的鱼雷轰炸机，希望它不要发生不幸。

21点15分，根据观察员诺曼·斯卡利特计算，他们还需要飞行一个半小时。约在22点50分，威廉森发现前方的天空已被炮火照亮。这是保卫塔兰托的意大利军队炮兵连在进行拦阻射击，以对付正在接近但尚未被发现的飞机。

据此，威廉森以直观感觉确信斯卡利特的领航是准确的。其他飞机的一些机组人员也看到了意大利军队欢迎他们的"烟火"。朝向西北方向的英机编队经过2小时的飞行，才飞抵塔兰托上空。

威廉森发现意大利军队的高炮已经开火，飞行员们意外地看到前方黑暗的夜空中出现了高炮射出的橘红色弹道。原来掉队的L4M号鱼雷轰炸机竟早到了半小时。由于找不到队伍，它正在塔兰托军港上空盘旋，成为意大利军队高炮竭力捕捉的目标。

第四章 夜袭塔兰托

威廉森和斯卡利特驾驶L4A飞机，率领飞行小队向北飞越塔兰托湾，随同前往的有麦考利和雷的L4R飞机，以及斯帕克和尼尔的L4C飞机。

天气晴朗，水面上只有微风，但在2438米的高度上却刮着风速10节的西风。正当他们接近时，发现了掉队的那架L4M鱼雷轰炸机，该机的驾驶员是斯韦恩，观察员是巴克瑟尔。

原来，在同其他飞机失去联系后，斯韦恩驾机直接飞向目标。由于提前半小时到达，他在目标上空盘旋以消磨时间，而防御者却因此而误认为敌情不过如此。现在，投掷照明弹的时刻到了，担负

正在投放鱼雷的"剑鱼"式鱼雷轰炸机

此项任务的飞机是 L4P 和 L5B。这两架飞机被派往圣维托角的濒海一侧。在那里，一串串炮弹夹杂着曳光弹从炮兵连阵地上不断射出。两架飞机的飞行高度均为 2286 米。

22 点 25 分，指挥部的电话铃又响了。25 分钟之后，沉睡的居民第三次被警报惊醒。随着东南方传来的飞机发动机声音逐渐增大，意料中的事情果然发生了。突然，圣维托地区的高射炮喷出了火舌，与此同时，橘黄色和红色的曳光弹点缀着夜空。

战斗帷幕拉开了。这一夜将永远留在意大利人的记忆里。

23 点 02 分，L4P 飞机开始在拦阻气球一线的东南向东北投掷镁光照明弹。照明弹的间隔距离为半英里。照明弹在 1377 米高度上燃烧。基格尔圆满完成任务后，向右转向，飞行约一刻钟，便向离泊地 400 米的一个陆上油库俯冲轰炸，但轰炸结果未能看到。随后，L4P 飞机调整航向，返回"光辉"号航空母舰。L5B 这架投掷照明弹的备用飞机，见到 L4P 已准确地投掷了照明弹，便跟随飞行小组长，并在返航之前参加了轰炸油库。

威廉森所驾驶的 L4A 飞机同 L4C 和 L4R 飞机一起，飞向塔兰托港中心。这时，高射炮火密集，在港湾中心形成了强大的火网。威廉森驾着飞机以小角度对着机下的地狱之火俯冲下去。L4A 飞机需要飞行五六公里才能到达停泊在港口东部的意大利军队战列舰上空。L4A 飞机迅速降低高度，从两个拦阻气球中间穿过，险些撞上其中的一个。

第四章　夜袭塔兰托

塔兰托意大利军队的防空火炮

随后，飞机飞越防波堤，飞向正对它进行抵近射击的"兰波"号驱逐舰和"福尔明"号驱逐舰。突然，"加富尔伯爵"号战列舰的庞大舰体隐约可见。威廉森猛按按钮，投下了鱼雷。飞机由于释重，猛然向上抬起，L4A 飞机向右急剧地倾斜飞行。可是就在这时，飞机中了机枪子弹，掉进了大海，但 L4A 飞机所投下的鱼雷却击中了目标。

数分钟后，这艘庞大的战列舰被猛烈的爆炸所震动。爆炸位置在司令塔和 B 炮塔之间的龙骨下。这个飞行小组的其余两架飞机 L4C 和 L4R，冒着弹雨，以只有 9.1 米的高度飞越了防波堤。

他们原来打算攻击"维托里奥·维内托"号战列舰，但由于他们在该舰以南距离太远，当看到"加富尔伯爵"号战列舰时，便在大约 640 米的距离上投下了鱼雷。鱼雷未命中目标，航行至"安德烈亚·道里亚"号战列舰附近，自行爆炸，未伤及该舰。投雷后，L4C 飞机向左急剧地倾斜飞行。随后，两机调整航向，返回"光辉"号航空母舰。

第 2 飞行小组组长肯普驾驶 L4K 飞机，从圣皮埃特罗岛以北上空飞过，飞行高度为 1219 米。位于该岛和该岛北面隆地尼拉角的炮兵连向他不断射击，而飞机却奇迹般地飞了过去，没有受到任何损伤。

在徐徐降落的照明弹光亮的映照下，靠近岸边停泊的意大利战列舰的轮廓清晰可见。肯普驾机进行大角度俯冲，绕过气球障碍的

第四章　夜袭塔兰托

袭击塔兰托的英国舰队

北端。恰巧就在这个时候，附近的巡洋舰中止了对空射击。L4K飞机掠水飞行，冲向"里多利奥"号战列舰，当距离缩小至大约914米时，投掷了鱼雷。L4K飞机的任务完成了。

在L4K飞机进行大角度上升之前，它所投放的鱼雷正奔向目标，留下了银色的航迹。敌人的曳光弹雨点般地向它射来。L4K飞机巧妙地避开了设置在南部的一组拦阻气球，飞向公海。它的鱼雷命中了"里多利奥"号战列舰的右舷。

L4M飞机提前半个小时到达，不得不等候同突击波的其他飞机。现在，L4M飞机在圣皮埃特罗岛以北跟着驾驶L4K飞机的小组长肯普，以305米的高度，照直向防波堤北端飞去。当飞机飞越该港时，曾一度损失了高度，遇到舰艇上和炮兵连高射炮的猛烈射击。当飞抵防波堤北端时，L4M飞机向左来了个急转弯，距离"里多利奥"号战列舰365米时投掷了鱼雷。这枚鱼雷命中了该舰舰尾左舷。

在数秒钟之前，L4K飞机投掷的鱼雷命中了"里多利奥"号战列舰的舰首右舷。斯韦恩来不及观察攻击结果，驾机爬高，从"里多利奥"号战列舰的舰桅上方飞过。他向左倾斜飞行，在雨点般高射炮弹的袭击下飞走了。

第一攻击波中最后一架鱼雷轰炸机是E4F，驾驶员是蒙德，观察员是布尔。在这次出色的攻击后，蒙德所投的鱼雷没有命中目标，而于23点15分在"里多利奥"号战列舰右舷尾处碰触海底

第四章 夜袭塔兰托

"剑鱼"式鱼雷轰炸机机群

爆炸。

与此同时，4架携带炸弹的"剑鱼"式鱼雷轰炸机也在执行各自的攻击任务。E5A飞机于23点06分以2590米高度飞临圣皮埃特罗岛上空，向着小港飞去。

在小港，它的攻击目标——意大利海军巡洋舰和驱逐舰正停泊在码头。目标周围笼罩着高射炮火的浓烟和火舌，很难进行识别。但最后，驾驶员帕奇终于发现了目标，并进行俯冲攻击。当飞机俯冲到几乎是舰桅高度的时候，帕奇把飞机拉平，投下了6枚炸弹，然后转弯向东飞去。可惜炸弹无一命中。但当他从意大利上空安全撤离时，他发现意舰锚泊处以东2400多米的地方燃起了熊熊烈火。

L4L飞机以2438米的高度飞越敌人的海岸来到塔兰托以西，在小港上空俯冲至457米高度。由于无法找到目标，驾驶员萨洛驾机飞越船厂。突然，L4L飞机发现了右前方有水上飞机基地的机库和船台。他想，这些都是很好的次要目标。于是，他便把飞行高度降至152米，并投下了炸弹。接着一声剧烈的爆炸，机库燃烧起来。附近的敌炮兵连和机枪很迟才开火，但已不能阻挠L4L飞机向南安全退出。

L4H飞机同主要机群失去了联系，当飞抵圣维托角以东地区时，恰好遇到基格尔驾驶的L4P飞机投掷照明弹。福德又驾驶飞机飞临小港上空。这时，萨洛驾驶的L4L飞机正盘旋寻找目标。驾驶员福德选中了那些舰尾靠码头的"像罐头里的沙丁鱼似的"舰艇作为攻击目标。福德在457米的高度上投下了炸弹，但没有发现命中目标。由于L4H飞机对炸弹是否投下还不清楚，只得飞回进行再次攻击，然后向西北脱离，从港口以北8公里处的海岸上空飞过。尽管敌舰上的高射炮火密集，L4H飞机仍未受到损伤。

最后一架轰炸机E5Q跟随L4H飞机飞往圣维托角的东面，然后又飞向小港，向一列军舰投弹轰炸，并以914米的高度按东西航向从军舰上空飞越。一颗炸弹击中"利伯奇奥"号驱逐舰，但未爆炸。E5Q轰炸机遂向左转180°，按接近航向的反方向退出战斗。

23点35分，第一突击波最后一架飞机撤出战斗。但这个马蜂

英军发射的照明弹

窝已被捅得够厉害的了，以致飞机的轰鸣声虽早已消失，而火炮依然在不停地射击，在环形防御的四周形成了一道火网。

L4P等两架"剑鱼"式飞机飞到港湾东面拦阻气球屏障外也投下照明弹。照明弹由小降落伞悬挂，在1400米高度开始燃烧，使整个军港耀如白昼。投放照明弹后，它们就飞去轰炸意军油库。

第815飞行中队中队长威廉森驾驭L4A号"剑鱼"式飞机和另外两架飞机从西部进入港区。他要飞行大约5000米才能到达港口东部的意军战列舰上空。他驾机俯冲，一串串红蓝色火球从机身下一闪而过，瞬息间又飞舞在飞机上方。在飞机快要碰到水面时，他才拉平，穿过了系留气球的钢缆，飞越了防波堤。他的攻击目标是停在外港东部的意军战列舰。

威廉森的L4A号飞机冒着密集的防空火力，从两个拦阻气球之间飞过，低空掠过防波堤，向"加富尔伯爵"号战列舰投下了鱼雷。鱼雷正中舰桥与炮塔之间的龙骨下方，将舰舷炸开一个大口。海水随即涌入了"加富尔伯爵"号战列舰。

为了躲避高射炮火，威廉森贴着水面飞行。黑蓝色的海水像一面硕大的镜子，映出了满天炮弹炸开的火团。不一会儿，他看到了一个隐约的庞大舰体和战列舰独有的上层建筑，高射炮喷吐着可怕的光道。他不顾一切地直冲过去。眼看就要撞上战列舰的时候，他掀动了投雷把手。

飞机如释重负，机首骤然上抬。他手握操纵杆，脚踏脚蹬，驾

第四章 夜袭塔兰托

航母甲板上，英国水手正在吊装鱼雷

机向右爬升。突然炮火袭来，飞机中弹，栽进大海。威廉森虽被救起，却当了意大利军队的俘虏。

威廉森投放的 MXII 鱼雷装有英国刚刚研制成功的组织引信。发射后，鱼雷时速为 27 节，深度为水 10 米。由于鱼雷在水下的深度大，可以从防雷网下方通过。结果是英国鱼雷顺利地从防雷网下方通过，在敌舰底部受磁场影响而引起爆炸。

L4A 飞机投放的鱼雷击中了意大利"加富尔伯爵"号战列舰。尾随在后的两架飞机 L4C 和 L4R 以 9 米的飞行高度超低空飞越防波堤。蒙德驾驶的 L4C 穿过塔兰托市区，扑向港区，在意大利军队密

被击落的"剑鱼"式鱼雷轰炸机残骸

第四章 夜袭塔兰托

集的炮火中穿行。他不时采取 Z 字机动，躲避高射炮火，几乎是在紧贴着海平面的高度向"加富尔伯爵"号战列舰投下鱼雷。可惜由于投雷高度太低，鱼雷入水后一头扎入海底而未能命中。

第一批次的另外 3 架飞机从西北方向进港。它们进行大角度俯冲，L4M 飞机笔直冲到目标跟前投放鱼雷，它的领航员甚至亲眼看到鱼雷拖着清晰的尾迹，准确击中"里多利奥"号战列舰右舷舰首，使舰尾起了大火。

几秒钟后，L4K 飞机驾驶员借照明弹也发现了该舰，于是沿水平飞行并投放鱼雷，击中了该舰舰首右侧。

斯维恩驾驶着早到的 L4M 飞机在 300 米高度飞过防波堤，不顾意大利军队猛烈的防空炮火，直扑"里多利奥"号战列舰，一直冲到 360 米距离才投下鱼雷，击中"里多利奥"号战列舰最为脆弱的动力系统。而 L4M 飞机由于高度太低，距离太近，脱离时险些撞上"里多利奥"号战列舰高耸的桅杆。

在另一边，4 架携带炸弹的"剑鱼"式鱼雷轰炸机开始轰炸港内的巡洋舰、驱逐舰、油罐和码头设施。4 架轰炸机本来就是单独寻找目标进行攻击。L4L 飞机飞过一船厂，发现了意大利军队的水上飞机机库，便俯冲投弹，使机库燃起熊熊大火；L4H 飞机独自攻击了停泊在内港的舰艇；E5Q 飞机击中了"利伯奇奥"号驱逐舰；E4F 飞机也对港内舰艇进行了轰炸。

塔兰托像一个捅翻了的马蜂窝，乱作一团。英国军队的第一批飞机撤走后，高射炮火仍在盲目射击。塔兰托事件后意大利军队将威廉森的座机打捞出来，机尾上的 L4A 编号清晰可见。

★ "里多利奥"号战列舰

1934 年 10 月 28 日，"里多利奥"号战列舰在安莎尔多位于热那亚的船厂开工，1937 年 8 月 22 日，"里多利奥"号战列舰下水，并于 1940 年 5 月 6 日竣工。同年 6 月 24 日，"里多利奥"号战列舰正式加入意大利海军战斗序列，被编入驻泊塔兰托港的第一分队，并成为卡罗·伯刚明尼的旗舰。

虽然"里多利奥"号战列舰作为第一主力受到相当重视，但它的舰员仍然缺乏训练，在服役头几个月里，一直有军工工程师跟舰维修调整设备。由于"里多利奥"号战列舰的战斗准备不充分，这艘意大利海军的"掌上明珠"在塔兰托夜袭中被重创。

1940 年 11 月 11 日午夜 11 点 15 分，第一枚鱼雷命中了"里多利奥"号战列舰右舷 1、2 号炮塔之间 163 号肋位水下部分，外壳板上被炸出一个 7.5 米的大破口，海水涌入破损的普列赛系统空舱和 159～165 号间双重舰底舰体，军舰开始向右倾斜；第二枚鱼雷击中了舰尾左舷 9 号肋位，炸穿了主舵机舱，主舵机操纵机构被彻底破坏；12 日 0 点 01 分，第三枚鱼雷命中了舰首左舷 192 号肋位处舰体，炸药在 187 和 192 号间炸出了一个 14 米长的破口，183～199 号间的外壳板亦被破坏，造成了极为严重的进水。好在

第四章　夜袭塔兰托

塔兰托港内水浅,"里多利奥"号战列舰的舰首完全没入水中后触底搁浅。

空袭结束后,意大利人对"里多利奥"号战列舰进行了详细的检查,结果,在舰首龙骨下方的淤泥里发现了一枚没有爆炸的鱼雷。如果这枚鱼雷的引信也正常工作,"里多利奥"号战列舰的战斗生涯估计要和"加富尔伯爵"号战列舰一起终结了。

意大利潜水员小心翼翼地将鱼雷战斗部拆除后,打捞队才将"里多利奥"号战列舰浮起。12月11日,"里多利奥"号战列舰进干坞维修,全部工程于次年3月11日结束,并于当月月底恢复现役。4月1日,"里多利奥"号战列舰上升起了伊亚金诺的司令旗,再度成为第一分队旗舰。在接下来的几个月里,它伴同"维内托"号战列舰参加了几次出海任务。

1941年12月16日晚,伊亚金诺乘"里多利奥"号战列舰从塔兰托港出发,率"道里亚"号战列舰和"恺撒"号战列舰,以及2艘重巡洋舰和10艘驱逐舰为从那不勒斯起航的运输队护航。

在1942年6月15日的战斗中,"里多利奥"号战列舰的1号炮塔被美国"B-24"式轰炸机高空轰炸投掷的炸弹命中,测距仪罩被炸坏,甲板和炮塔基座也有部分破损,但炮塔并未失去战斗力。"里多利奥"号战列舰甚至没有减速,仍旧跟随舰队行动。

当日夜,从马耳他起飞的英国"惠灵顿"式轰炸机袭击了返航中的"里多利奥"号战列舰,23点39分,其舰首右舷前部194号

经典 百年海战大观 塔兰托之夜

"意大利"号战列舰

肋位附近被一枚鱼雷命中。舰内进水约 1600 吨，舰尾空舱进行了 350 吨抗倾斜反对舷注水后，纠正了倾斜。

由于伤势不甚严重，"里多利奥"号战列舰于 8 月 27 日就已彻底修复。但是由于严重缺油，"里多利奥"号战列舰再也没出航的机会了。当年 11 月 13 日，"里多利奥"号战列舰转移至那不勒斯，并于 12 月 4 日返航塔兰托。后来，"里多利奥"号战列舰也停泊在基地内用作要地重型防空平台。

1943 年 7 月 25 日，墨索里尼法西斯政府被推翻后，"里多利奥"号战列舰改名为"意大利"号战列舰。9 月 9 日，"意大利"号战列舰在 1943 年 9 月 9 日撤往马耳他的行动中，被德国空军的"弗里茨-X"遥控反舰炸弹命中。炸弹击中了右舷前部 162 又 1/2 号肋位甲板，从侧舷墙穿出后落入海中爆炸。爆炸破坏了"意大利"号战列舰约 190 平方米的外壳板，8 个双重底空舱、3 个普列赛系统空舱和 2 个内侧舱进水，总进水量约 830 吨，在尾部进行了反对舷注水，注水量约为前部的一半。另一枚靠近弹在舰体左舷爆炸，造成一个油舱泄漏，燃油渗入临近的冰机房内。"意大利"号战列舰后来的行动与"维内托"号战列舰相同。

最初，盟军想把"意大利"号战列舰改装成重装甲破障舰，并用于在法国南部进行的登陆战。但是后来因为政治上的缘故取消了这个方案。在马耳他和亚历山大进行了短暂停留后，"意大利"号战列舰从 1943 年 9 月 18 日—1947 年 2 月 4 日间一直待在苏伊士

"B-24"式轰炸机

运河区。巴黎和会将维内托号战列舰作为意大利的战争赔偿赔给美国，但由于斯大林坚决要求获得一至两艘维内托级战列舰，美国政府宁可将其转交给意大利自行拆毁，也不愿意让"意大利"号战列舰落入苏联人手中。1948年6月1日，"意大利"号战列舰从海军序列中除名，后来在拉斯佩齐亚解体。

"里多利奥"号战列舰总共参加了46次作战任务，其中9次战斗出航。"维内托"号战列舰的航海总里程为17970海里，耗时1056小时，燃油共计消耗20288吨，因维修或其他原因不在现役时间累计251天。

2. 第二波攻击

11月11日21点20分，由约翰·黑尔率领第二批次9架飞机，其中鱼雷轰炸机5架，轰炸机和照明机各2架，从"光辉"号航空母舰陆续起飞，对塔兰托港实施第二次袭击。

"光辉"号航空母舰再次迎风行驶，第二突击波飞机开始起飞。这一次起飞不像第一突击波飞机那样顺利。9架飞机有7架顺利起飞，而第8架飞机L5F向飞行甲板的中线移动时，正好第9架飞机L5Q也从对面向前滑行。两架飞机的机翼相撞，发动机停摆。

修理工和装配工冲向前去将两架飞机拉开。L5F飞机的主翼的某些部分已被碰掉，几条翼肋也被碰断，而L5Q飞机却完好无损。

博伊德同罗伯逊商量后，决定让L5Q飞机起飞，而把L5F飞机留下修理。这时，黑尔已开始为尚未飞来的两架飞机担心，不知它们究竟出了什么事。后来，他重新数了一下飞机，一共8架。不久，定向信号灯发出信号告诉他"继续进行"，他才知道L5F飞机出了事。这时，已是21点45分。

8架飞机成"V"字队形向东飞行。飞行了20分钟后，L5Q飞机机身下固定远程油箱的固定索断了。L5Q是轰炸机而不是鱼雷轰炸机，因此油箱捆在舱外而不是放在观察员的座舱内。不一会儿，油箱掉进大海，发动机停摆，飞机迅速失去高度。驾驶员莫福德依靠熟练的飞行技术，细心地操纵飞机，发动机终于又发动起来。当他驾机接近"光辉"号航空母舰时，遭到了己方炮火射击。他发出了一个识别信号，火炮停止了射击，飞机安全降落。

到22点50分，天空已经晴朗。黑尔率领他的编队升至2438米飞行高度。20分钟之后，他看到塔兰托的防御者依然在向天空射击，高射炮的角锥形弹幕五颜六色。当飞机在距海岸大约24公里的距离上向前接近时，黑尔的观察员卡莱因借助圣玛丽亚迪莱乌卡角上灯塔射出的微弱光束来判定自己的位置。飞机发动机的声音被意大利空中音响收听站侦听到，顿时惊动了意大利高射炮连的炮手们。他们竭尽全力开炮，打得非常起劲。虽然飞机尚未进入他们高射炮的射程以内，炮弹却在空中无效地爆炸。

23点50分，黑尔转向东北。5分钟后，派出两架投掷照明弹的飞机：一架是L5B，另一架是L4F。

意大利的炮火暂停了下来。但是，当这两架飞机沿东海岸飞行时，火炮又开始了射击。汉密尔顿每隔15秒钟投掷一个照明弹，共投了16个，斯克尔顿补投了8个。随后，这两架飞机飞向意大利军队的油库，从不同的方向进行轰炸，引起了一场小火灾。完成任务后，飞机调整航向返回"光辉"号航空母舰。

现在，5架携带鱼雷的飞机正沿着港湾北岸飞行，遇到岸炮和舰炮的猛烈射击。由黑尔驾驶L5A飞机以1524米高度飞越隆地尼拉角之后开始俯冲，不时地进行规避机动，力求躲过向它射来的猛烈的高射炮火。空气中弥漫着在第一次攻击之中和之后炮弹爆炸的硝烟，十分呛人。黑尔冷静地选择了"里多利奥"号战列舰作为攻击目标。当飞机离水面只有9.1米的时候，他驾飞机照直冲向该舰，在640米的距离上投放了鱼雷。投雷后，他驾飞机向右大角度地倾斜飞行，险些撞上拦阻气球的缆索，但最终安全地飞走了。

E4H飞机在隆地尼拉角上空时，还跟随在突击波领队黑尔后面，但后来的命运就不得而知了。据意大利的战斗报告说，有一架飞机在"戈里齐亚"号巡洋舰西面被击落，很可能就是E4H飞机。

L5H飞机也曾经跟随在突击波领队的飞机之后，但见到高射炮火的拦阻，便向右来了个大圆圈飞行。飞机由于这种急速机动而失去高度，就乘势钻入炮火下面。

L5H飞机掠过北岸的水面，看到一艘加富尔伯爵级战列舰正横在前面，便在732米距离上投放了鱼雷。鱼雷击中了"卡伊奥·杜里奥"号战列舰，击中部位是在该舰右舷与"B"炮塔并列的9米水深处。驾驶员利驾机从"扎拉"号巡洋舰和一艘渔船中间飞过，险些撞上渔船的桅杆。这两艘军舰的火炮不停地向他射击。他驾机从圣皮埃特罗岛北端上空安全脱离。

L5K飞机跟随另一架飞机飞临隆地尼拉角上空，然后大角度俯冲，穿过高射炮密集的火网，向着运河入口以南914米处的一个地点冲去。驾驶员托伦斯·斯彭斯熟练地规避了同E4H飞机的一次碰

第四章 夜袭塔兰托

撞之后，发现自己正处在一些慌乱的军舰中间，那些军舰的火炮似乎正集中对着他这架飞机。

托伦斯·斯彭斯冷静地选择了"里多利奥"号战列舰作为目标。他向目标飞去，并在640米的距离上投放了鱼雷。飞离时，飞机的起落架触水。但他凭着高超的飞行技术，把飞机拉起，从两个拦阻气球中间穿过，然后飞越港湾。然而，他苦难的境遇并未就此结束。两个浮动炮兵连突然在前方水面出现。

由于发现太晚，他已来不及回避了。他向后猛拉操纵杆，飞机突然升起，冒着炮火从意军炮兵连上空飞过。飞机离意军炮兵连非常近，飞行员能够感觉到炮弹爆炸的热浪。但是，他居然逃脱了，只是机身上留下了一个弹洞，这简直是奇迹。

E5H飞机选择了远在隆地尼拉角东北的一条航线，飞越小港和塔兰托城时，驾驶员韦尔哈姆向右转弯，沿东海岸的气球障碍一线飞行。直到这时为止，他的飞机似乎还未被意方发现。但是，突然间，意大利军队的重机枪向他开了火，飞机外侧的副翼被击中，飞机暂时失去了操控。

当飞机恢复操控时，他发现他正处于由4艘敌战列舰组成的方阵之中，但飞机的位置不适于攻击其中的任何一艘军舰。这需要他当机立断。于是，他决定攻击两艘里多利奥级战列舰中的一艘。他从457米的距离上向"维托里奥·维内托"号战列舰发射了鱼雷，命中了该舰的左舷舰尾。然后，他向右急转弯，冒着密集的炮火

"戈里齐亚"号巡洋舰

飞离。一发40毫米炮弹击中了飞机左翼。飞机被打掉了一些翼肋，机翼出现了一个大裂缝。但韦尔哈姆仍然安全地返回了"光辉"号航空母舰。

L5F飞机在与L5Q飞机不幸相撞之后被送往机库修理。由于修理工和装配工的极大努力，它在短短的20分钟内就修复了。在驾驶员克利福德和观察员戈英的强烈要求下，博伊德同意他们去追赶编队。在其他飞机已出动24分钟之后，他们起飞，并在塔兰托港入口以东8公里处第一次发现陆地。

当他们向西北飞越塔兰托城和船厂时，清楚地看到了为便于他们的伙伴们攻击而施放的照明弹。从漂浮着油迹的水面和几处熊熊大火中，他们看出敌人已遭受重创。敌人高射炮的弹幕射击已经停止。

克利福德不慌不忙地盘旋飞行，寻找适合轰炸的目标。他把飞行高度降至762米，向一列军舰俯冲。敌炮向他猛烈开火。当飞机位于152米的高度时，他拉平飞机，向2艘巡洋舰投掷了6枚炸弹，但均未爆炸。

他认为未中目标。但事实上，一枚穿甲炸弹穿透了"塔兰托"号巡洋舰的薄装甲，只是没有爆炸。随后，克利福德先向北飞越小港，再向右从塔兰托港入口以东8公里处的海岸上空飞离。

对利斯特和博伊德来说，久久等候突击部队返航，实在是在饱尝提心吊胆的痛苦。这次突击尽管不是一种无谓的冒险，但确实是一件危险的事情，而且付出的代价很可能是巨大的。

11月12日凌晨1点整，"光辉"号航空母舰到达舰载机回收地点"Y"阵位，并以21节的航速迎风行驶。雷达可以期待得到飞机返航的最初信号。果然不出所料，在1时12分，雷达操纵员发现雷达屏幕上相继出现了一个又一个尖头信号。他把这一情况向舰桥做了报告。不一会儿，飞行甲板上开始忙碌起来，修理工和装配工匆忙地跑上甲板，消防和防撞组在迅速收集他们的工具。

降落的第一架飞机是L4C，是1点20分降落的。第一突击波的其余飞机，除领队的飞机外，均以较短时间间隔先后降落。罗伯逊仔细地清点了降落的飞机。

经典 百年海战大观 塔兰托之夜

"扎拉"号巡洋舰

第四章 夜袭塔兰托

最后降落的是E5A飞机。该机的航行灯损坏了，但也终于在1时55分成功地降落了。12架飞机仅损失1架，这几乎是令人难以置信的。他们谁也不知道L4A飞机究竟发生了什么问题。甲板很快地腾了出来，以备第二突击波的飞机降落。

第二突击波的飞机起飞时间比第一突击波要晚一个多小时。可是，在1时55分，即帕奇驾驶E5A飞机刚好降落时，黑尔驾驶的L5A飞机发现了"光辉"号航空母舰，并于5分钟之后降落。接着降落的是L4F飞机。

50分钟之后，第二突击波的最后一架飞机L5F也降落了。清点结果也只是损失了一架飞机，即E4H。考虑到意大利强大的防御力量，英国的损失比任何人大胆的预料都要少得多。另外，根据飞行员留有余地的报告，这次攻击效果尽管还难以估计，但攻击毕竟取得了胜利。第二攻击波中的E4H飞机是被击落的，驾驶员贝利丧生，而领航员斯特劳则失踪。

对于在意大利海军高级指挥部作战室值班的布雷盖丁来说，塔兰托之夜难以忘记。他对一系列动人心魄的事件作了如下记述："消息通过电话从塔兰托传来"，"消息愈益严重和令人震惊"。

坎皮奥尼得知上述消息后，便走进作战室，亲自了解究竟发生了什么事情。电文如潮水般地涌来，事情很快就明白了：这不是一次普通打击和奔袭，而是想使他的舰队瘫痪的一次果断的预谋。由于暂时还没有把具体的损失统计出来，他不能估量出这次灾难的程度，但所有这一切都是在有防雷网、拦阻气球和高射炮连保护的情况下发生的，他也不得不为英国军队的攻击能力而震惊。

意大利海军高级指挥部紧急要求详细报告损失的情况，而报告一直拖到次日上午才送上来。报告叫人很不愉快。"里多利奥"号战列舰中了3枚鱼雷，其中2枚是在第一次攻击波中被命中的，一枚击中右舷舰首，在舰腹与1号152毫米炮塔并列处炸开一个15平方米的洞，另一枚命中与舵柄并列的左舷舰尾，炸开一个7平方米的洞。在第二次攻击中，又有一枚鱼雷命中右舷下部，即第一枚鱼雷命中处稍前一些的地方，在舰底壳板上炸开一个12平方米的洞。

另外，在"里多利奥"号战列舰右舷舰尾有一个凹痕。据判断，这是被一枚鱼雷撞击的。这枚鱼雷没有爆炸，后来发现它嵌入该舰下面的泥土里。"里多利奥"号战列舰舰首下沉得很厉害，舰首楼有一部分被水淹没，在相当长的时间内将不能参加战斗。

"卡伊奥·杜里奥"号战列舰中了一枚鱼雷，命中的部位是右舷与1号133毫米火炮并列处。在1号和2号弹药舱之间炸开了一个10平方米的洞，两个弹药舱都灌满了水，使该舰不得不抢滩。

伤势最重的是"加富尔伯爵"号战列舰。"加富尔伯爵"号战列舰在第一次攻击中就被鱼雷击中，被命中的部位是左舷舰首炮塔的下方。鱼雷在舰舷炸开了一个10平方米的洞，1号和2号油箱进水，相邻的舱室也过了水。

舰载机在航空母舰甲板上降落

当天夜里,"加富尔伯爵"号战列舰被拖向海岸。12日5时45分,它被抛弃,随后沉没。到8点,"加富尔伯爵"号战列舰的整个上甲板包括舰尾炮塔在内完全沉入水中。

在这次战斗中,意大利的人员伤亡不大。"里多利奥"号战列舰死23人,"加富尔伯爵"号战列舰死16人,"卡伊奥·杜里奥"号战列舰死1人,共计40人。

破晓,塔兰托港呈现出一副惨状,水面上覆盖着薄薄的一层油。"里多利奥"号战列舰周围都是救援艇只,人们正在紧张地进行救援。一艘潜艇靠在"里多利奥"号战列舰舷旁为它供电,一艘油船停在它的左舷舰尾正向自己船上输油,因为"里多利奥"号战

受到重创的意大利驱逐舰

列舰上正在用油泵从油箱里把油抽出来,以防止进水。

"利伯奇奥"号驱逐舰的舰首被一颗近失弹炸裂了,"佩萨格诺"号驱逐舰的舰体也由于同样的原因被损坏。消防人员还在向水上飞机库冒烟的废墟上泼水。里卡迪正在办公室主持会议,以查明前一天晚上事件的来龙去脉和起草海军高级指挥部催着要的报告。

"福尔明"号驱逐舰奉命在黎明时同其他一些舰艇从大港驶往小港。这艘驱逐舰押送着被俘的英国人威廉森和斯卡利特——他们两人驾驶 L4A 飞机在第一次攻击中被击落,坠毁在港湾内。他们从正在下沉的"剑鱼"式鱼雷轰炸机中爬了出来,游至一个约有 137 米远的浮动船坞,被船厂工人救起。工人们给他们吃了一些苦头,然后把他们送至"福尔明"号驱逐舰上。

这次空袭极大地削弱了意大利舰队。但意大利高级指挥部更担忧的是,英国一艘或数艘航空母舰怎么就能够接近到对塔兰托这个主要海军基地实施突击的距离以内而又不被空中侦察机发现呢?

为了弄清这个原因,回溯一下远在"判决"战役实施以前的战斗。每当意大利侦察飞机力图跟踪坎宁安的舰队时,不是被"光辉"号航空母舰上起飞的"管鼻燕"式战斗机击落,就是被赶跑。

11 月 8 日,1 架意大利侦察飞机被击落,7 架企图占领攻击阵位的意大利"S79"式轰炸机,在离英国舰队还有 56 公里的地方就被赶走,其中 1 架被击落,1 架被击伤。第二天,又有 1 架意大利侦察机被击毁。

11月10日，另1架意大利侦察机被击毁，还有1个意大利轰炸机编队被驱散。事实上，英国地中海舰队拥有局部空中优势，就是取得这次战役胜利的重要因素。在评述这一事件时，坎宁安说："'管鼻燕'式战斗机再次忙于驱赶和击落跟踪英国军舰的敌机，而且这个任务完成得十分出色。这次攻击计划最重要的要求之一，就是部队要隐蔽地接近到舰载机起飞的阵位。"

意大利高级指挥部也注意到了他们在空中侦察方面的失败。布雷盖丁说："11月11日夜间的事件，除了许多其他的教训之外，最明显不过地证实了意大利空中侦察的严重缺陷。真实的情况是，敌人的大型舰群已于前一天在地中海中部航行了整整一天，并在日落时横渡了爱奥尼亚海和亚得里亚海。可是，意大利的空中侦察却根本没有预报过敌人舰队的出现。"

贝诺蒂在著作中写道："对塔兰托外停泊场的意舰队实施空中攻击的成功，首先说明了鱼雷飞机在攻击坚固设防的基地内的舰艇方面具有极大的潜力，而且从总的方面证实了航空母舰的战斗力。"他指出，事实证明，塔兰托外停泊场的防御是不完善的，部分原因是高射炮防御不严密，但主要原因是防雷网的设置深度只有8米，而鱼雷的定深为10米。英国军队的鱼雷采用了双引信，也完全出乎意大利人的意料之外。

★达德利·庞德

达德利·庞德（1877年8月29日—1943年10月21日），英国海军元帅，第二次世界大战初期英国第一海务大臣。1877年，庞德生于怀特岛。他父亲是一位律师，母亲是一位性格古怪的美国人。终其一生，庞德都与他母亲关系紧张。1891年，庞德加入海军。在海军中，他得到飞快地提升。到1916年，他就已经是"巨人"号战列舰舰长。

达德利·庞德

在日德兰海战中，他率领"巨人"号战列舰击沉了两艘德国巡洋舰，并击退了两艘德国驱逐舰的偷袭。此外，他还通过熟练的驾驶，令"巨人"号战列舰躲开了射向它的5枚鱼雷。战争结束后一段时间里，庞德负责海军计划工作。在20世纪20年代罗杰·凯斯执掌地中海舰队司令期间，庞德任他的参谋长。

1936年，他就任地中海舰队司令，并一直任职到1939年。1939年7月31日，庞德被任命为第一海务大臣，并晋升海军元帅。在他就任第一海务大臣时，很多人就对他的健康表示担忧。一位海军医生就庞德的健康情况对他提出了私人警告，但是并没有把这一情况通报海军部。庞德是一个工作非常投入的人，他每晚都要疲劳到不能工作才去睡觉。但他经常在会议期间打瞌睡，真正原因可能是由于他脑部的疾病所导致的精力不济。

对于庞德有两种截然不同的看法，海军部的人认为他是一位平易近人的领导。而海军上将和舰长们则认为，庞德对他们的工作干涉过多并且犯下了很多错误，是一个不称职的领导。庞德担任第一海务大臣期间，和本土舰队司令约翰·托维爆发了多次冲突。托维甚至私下里称庞德是丘吉尔的应声虫。但对于丘吉尔首相来说，庞德易于支配的性格使他成为担任这一职务的最合理人选。他是海军中将"大拇指"菲利普斯的密友。不过他对听从丘吉尔的命令把Z舰队派往远东，最终导致菲利普斯战死一直深感内疚。

在庞德任职期间，他尽力避免与丘吉尔正面冲突，对丘吉尔的建议通常采用拖延战术。他的悲观态度让一些将领反感。或许庞德担任第一海务大臣期间，最大成功就是英国舰队赢得了大西洋之战。

同样，对他最大的指责就是因为他惧怕德军的"提尔皮茨"号战列舰，解散了 PQ-17 船队，使船队蒙受了巨大的损失。1943 年，庞德的健康状况急剧恶化。1943 年 9 月，庞德因为身体原因辞职，并于同年 10 月 21 日因脑部肿瘤去世。

3."另路"袭击

那天夜里，除了攻击塔兰托之外，英国人还实施了另一次攻击。在普里德姆·威佩尔率领下，"X"部队高速驶向奥特朗托海峡，以截击通常在夜间从奥特朗托、布林的西和巴里横渡亚得里亚海的意大利护航运输队。

"X"部队于20点30分从科孚岛的西南经过，然后以25节的航速向北行驶，到22点30分，其航速减为20节。海上风平浪静，风力一级，云量约为7，月亮在西南，约3/4满月。鉴于月色皎洁，威佩尔命令部队以密集队形航行，因此未被敌人发现。

"X"部队有充足的时间驶抵布林的西至发罗拉一线，但到达不了巴里至都拉斯一线，而且只有半小时的机动时间用于对付所发现的任何敌舰，随后就不得不立即后撤，以便在黎明时到达意大利空军基地飞机的作战半径以外。

12日凌晨1点，"X"部队到达北部限界，于1点15分开始返回。其时，位于"沃里昂"号巡洋舰左舷舰首方向的"莫霍克"号驱逐舰发现在方位120°、距离约13公里的地方有几艘形象模糊的舰船。

这是一支由4艘商船组成的运输队，正在驶往布林的西港途中，

第四章 夜袭塔兰托

活跃在地中海的运输船

担任护航的是"尼古拉·法布里齐"号鱼雷艇，另外有一艘辅助船只"兰博"号伴随。"莫霍克"号驱逐舰向"纽比恩"号驱逐舰发出警报信号，并以25节的航速接近敌舰。"莫霍克"号驱逐舰选择了"尼古拉·法布里齐"号鱼雷艇作为目标，于1点25分在3658米距离上向它开火，第四个齐射击中了"尼古拉·法布里齐"号鱼雷艇。"尼古拉·法布里齐"号鱼雷艇冒着浓烟逃走。

"沃里昂"号巡洋舰也发现了敌舰，于是从敌人的舰首方向穿过，于1点28分以8门152毫米火炮向第三艘商船开火，同时用102毫米高平两用炮在大约5852米距离上向"尼古拉·法布里齐"号鱼雷艇射击。

第三艘商船立即燃起大火，向该商船发射的两枚鱼雷中有一枚命中，商船沉没。

战场被照明弹照得通亮。"沃里昂"号巡洋舰把火力转向第4艘商船。这艘商船多次中弹起火。船员弃船后，该船又中了鱼雷，船尾向下沉没了。

"阿贾克斯"号巡洋舰于1点25分也发现了这支护航运输队，5分钟后便向"尼古拉·法布里齐"号鱼雷艇开火，但它已驶过鱼雷艇的艇尾，超出了火炮射击距离，于是便将火力转向一艘商船，商船中弹起火。

随后，"阿贾克斯"号巡洋舰又向剩下的那艘商船开火。商船被两个齐射击中，似乎即将沉没。但向它发射的一枚鱼雷，却没有命中。

"西德尼"号巡洋舰早在 1 点 21 分就发现了这支护航运输队。它向最前面的一艘商船开火。当看到这艘商船着火后,它便将火力转向第二艘商船。这艘商船似乎在逃跑,炮弹在它的周围隆隆爆炸。

接着,正冒着烟的"尼古拉·法布里齐"号鱼雷艇进入了"西德尼"号巡洋舰的射程。但这条艇在前面跑得又快又远。于是,"西德尼"号巡洋舰又把火力集中到拥在一起的运输队的船只上。

1 点 40 分,一枚鱼雷从"西德尼"号巡洋舰下面穿过,但"西德尼"号巡洋舰幸免于难。当时,它正向一艘停摆和着火的商船射

"沃里昂"号巡洋舰

击,并向另一艘商船发射了2枚鱼雷。"莫霍克"号驱逐舰和"纽比恩"号驱逐舰也很忙碌。"莫霍克"号驱逐舰在同鱼雷艇进行了短暂的交锋后,便向左起第二艘商船开火,当看到这艘商船着火时,便将火力转向另一艘商船。

1点53分,普里德姆·威佩尔下令停止战斗,命令部队以28节的航速,沿166°的航向前进。因为,在这次交战期间,他收到了英国驻安卡拉海军武官发来的报告,说意大利舰队企图对科孚岛实施一次炮击。英方军队可能会被更强大的敌方兵力截击,同时意大利的运输队及其护航兵力已被消灭,它们再继续留在这个地区,不会有什么收获。

"阿贾克斯"号巡洋舰

事后得知，意大利4艘商船"卡塔兰尼"号商船，"卡普·瓦杜"号商船，"普伦莫德"号商船和"安东尼奥·洛凯泰里"号商船全部沉没。"尼古拉·法布里齐"号鱼雷艇受重创，但仍然设法驶抵港口。"兰博III"号辅助船没有受伤，逃走了。

坎宁安在其后来的官方文件中评述说："这次深入狭窄水域袭击是一次果敢的行动，因为在这些水域很可能同优势的敌人遭遇。这次战斗行动给敌人以重创，无疑具有极大的精神效果。"

★**英国皇家海军**

英国皇家海军是英国三军中最老的军种，负责海上国防、保护航运、履行国际军事协议。它曾经是世界上最大，也是世界上最先进的海军之一。

从1692年到第二次世界大战之间，英国皇家海军是世界上最大、最强的海军；帮助英国成为18和19世纪最强盛的军事及经济强国；是维持大英帝国的重要工具。虽然现已日渐式微，但英国皇家海军仍是欧洲最大、世界上第二大海军，也是世界上最先进的海军之一。

英国皇家海军是大多数现代海军的先驱。许多英联邦和北大西洋公约组织的海军官兵至今仍到英国接受训练。苏联瓦解、冷战结束之后，英国皇家海军已由一个吓阻性的武力集团转变为能在全球展现英国外交政策的部队。

在英国，首次使用有建制海上力量的人是韦塞克斯的阿佛列大帝，他派遣舰只抵御北欧海盗的入侵。海军行动一开始时是地方性的、防御性的和暂时的，直到13世纪，法国人占领了诺曼底，贸易活动扩展到西班牙和葡萄牙为止。那时开始海军用船来输送步兵投入陆上作战。但在1340年斯卢以斯战役中，英国海军已从事海上作战。

亨利八世组建了一支装备大型火炮的舰队，并建立了海军行政机构。在伊丽莎白一世领导下，海军发展成为英国主要防御力量，并成为英帝国全球扩张的工具。查理二世将海上力量定名为英国皇家海军，虽然在英国内战期间（1642—1651年），军队是由国会控制的。18世纪中，英国皇家海军与法国海军为争夺海上霸权进行了漫长的斗争，其中1688—1763年间经历了4次战争，英国战胜了法国。在英国抵御拿破仑战争中，英国皇家海军具有关键作用。1805年赢得特拉法加海战之后，英国皇家海军再未遇到法国海军的挑战。这一时期，纳尔逊可能是历史上最伟大的海军上将。在19世纪剩余的岁月里，英国皇家海军有助于维持所谓英国式的和平，即由于主要欧洲国家间力量平衡而出现的长期相对和平局面，这完全取决于英国的海上霸权。

进入20世纪后，英国皇家海军依然是世界上最强大的海军。第一次世界大战中，英国皇家海军主要任务是从海上对敌方进行封锁。1916年，英国皇家海军在丹麦日德兰半岛附近北海海域与德国海军爆发日德兰海战，这是第一次世界大战中交战双方唯一一次全面出动的最大规模的舰队主力会战。随着敌方展开潜艇战，英国皇家海军的任务逐渐转向保护海运不遭潜艇袭击。战争期间，英国建立了海军航空兵。1937年，所有舰载飞机由舰队航空兵管辖。

第二次世界大战后，皇家海军在规模上仅次于美国海军居世界第二位，依然在海上作战，特别是在反潜作战方面领先，其主要任务还是保护海运航线。20世纪后期，英国皇家海军规模缩小，在美国海军和苏联海军之后居世界海军第三位。1964年海军委员会并入

特拉法加海战时期的英国皇家海军

国防部，1967年以后海军的行政事务由海军政务次官负责。英国皇家海军的编制机构包括：舰队司令，海军本土部队，海军航空兵和皇家海军陆战队。虽然从20世纪60年代起皇家海军的规模缩小了，但它于1969年起承担了核威慑任务，保持着一支装备核武器的潜艇部队。

从17世纪到20世纪40年代，英国皇家海军一直是世界上最强大的舰队，它是英国国家战略的基石。在经历了战后的低谷后，冷战的终结使它面临作战使命和作战模式的彻底改变。1998年《联合王国战略防御评审》对英国皇家海军的使命、任务、规模和结构提出了指导性意见。徘徊40多年后，英国皇家海军终于又回到了全球舰队的道路上来。

4. 惊人的胜利

到 11 月 12 日中午,"X"部队回到了坎宁安舰队处。这时,坎宁安舰队正在希腊和西西里之间的一个距意大利海岸约 217 海里的地方巡航。

"光辉"号航空母舰正高速航行,以便同坎宁安总司令以及舰队会合。"光辉"号航空母舰上洋溢着兴高采烈的气氛。但在空中侦察获得塔兰托港的照片之前,要评估这次攻击效果是不可能的。由于攻击时,锚泊地上空气氛恐怖,硝烟弥漫,飞行人员没有机会充分观察他们的攻击效果。然而,就是他们眼前所看到的,也无可置疑地证明他们的攻击是成功的。

12 日快到 7 点钟的时候,"光辉"号航空母舰遥遥在望,旗舰桅端的将军标志旗下面又升起了两面旗子,旗在摆动。旗语很快被译成"机动顺利"。这是英国皇家海军表达将官语言的传统方式,意思是说:"干得好!"

舰队仍然位于意大利空中侦察飞机航程以内。因此,"光辉"号航空母舰的"管鼻燕"式战斗机又立即起飞,执行击落意大利慢速的"坎特"501 式水上飞机的任务。这些水上飞机企图发现和报告英国舰队的情况。

经典 百年海战大观 塔兰托之夜

"光辉"号航空母舰劈波斩浪,高速航行

正如坎宁安所说:"他们(指意大利)的运气不佳,3架'坎特'式水上飞机很快被'光辉'号航空母舰上的战斗机击落。最后一次空战发生在舰队上空。我们看到大批'坎特'式飞机在云层中钻进钻出,3架'管鼻燕'式战斗机尾随其后。结局只能是这样:一会儿,一个火团拖着一股黑烟从天空栽进舰队前面的大海里。看到意大利飞行员驾驶笨拙的飞机,执行这种毫无指望的任务,人们只能感到遗憾。"

与此同时,"光辉"号航空母舰上正在紧张地进行准备工作,以便当晚再实施一次攻击。这次攻击是舰队总司令坎宁安在收到利斯特的信号以后批准的。利斯特建议,趁敌人来不及增强防御之际再攻击一次。

到16点,坎宁安询问航空母舰上的飞行人员有无必要再发起一次攻击。其中一个飞行人员说:"他们只是要求轻型机队再实施一次。"坎宁安就把这个问题留给利斯特去决定。18点,由于这个地区的天气明显恶化,坎宁安决定取消这次攻击行动,并率领其舰队返回亚历山大港,时间是11月14日。

11月14日傍晚,坎宁安收到了马耳他驻军司令官发来的塔兰托的照片,从中得到第一次情报。这个情报叙述了塔兰托被攻击后的现场情况,情报的结尾说"衷心祝贺你们所做出的巨大努力"。

在其报告中,博伊德称赞了英国空军所提供的出色的照相侦察,说那是取得这次战斗胜利的一个重要因素。他认为,实践证明，在鱼雷头中使用双引信是正确的，并提到了"鹰"号航空母舰的飞行人员曾经遇到过的问题，即到一艘来不及熟悉的军舰上去工作。

博伊德也提到了汽油污染问题，并追究了"汤耐利恩"号油船的责任，说这艘油船导致了3架"剑鱼"式鱼雷轰炸机损毁。他称赞了"完成这一伟大事业的每一个人的热情和积极性"，称赞了飞行员的技术，说他们"驾驶着速度较慢的飞机，冒着猛烈的高射炮火进行了周密而又准确的攻击"。

利斯特对于"鹰"号航空母舰无法参加这次战斗深感遗憾。他在一封私人信件中说："鹰"号航空母舰如能参加这次战斗，"那将会极大地增加这次攻击的分量，而且我相信，会使这次攻击成为毁灭性的攻击"。

坎宁安在其报告中叙述说，这次攻击的"计划工作非常出色，实施攻击时的毅力表明了我们在各方面都具有最高的声誉"。在评论整个空袭战役时，他说："撇开这次进攻战斗所取得的辉煌战绩不谈，整个战役最令人惊异的特点也许是时间的准确性：护航运输队准时地航行，舰船准时地卸载枪炮和物资，极为分散的部队在规定的时间内准时集结。"

英国海军部起先对所收到的战斗报告表示怀疑。但是，当他们了解到战斗的细节之后，便对取得这一胜利的人们赞不绝口。英国首相丘吉尔用某种可以理解的夸张口吻对下院说："战斗的结果对地

第四章　夜袭塔兰托

英军海军一艘军舰的后甲板上正在投放一架水上侦察机

中海海军力量的对比产生了决定性的影响,对世界各地的海上形势也有影响。"

海军大臣亚历山大向舰队航空兵广播了一篇热情洋溢的颂词。《泰晤士报》写道:"全国人民向舰队航空兵表示最热烈的祝贺和衷心的感谢,因为航空兵在同敌舰所进行的规模最大的一次作战中取得了伟大的胜利。同时,也向安德鲁·坎宁安爵士表示最热烈的祝贺和衷心的感谢,因为他是成功地大规模使用这些新装备的第一个海军将领。"

11月18日,英国国王乔治六世向坎宁安发了贺电,贺电说:"阁下指挥的舰队最近所取得的战斗胜利使国内人民感到自豪和欣慰。请向地中海舰队,特别向在对塔兰托意大利军舰的攻击中取得辉煌成就的舰队航空兵,转达我热烈的祝贺。"

出乎意料的是,墨索里尼对意大利舰队蒙受灾难的消息并未引起重视。他的女婿康特·齐亚诺在日记中写道:"一个夜晚,英国出其不意地攻击了在塔兰托的意大利舰队,击沉了'加富尔伯爵'号无畏战舰,重创了'里多利奥'号战列舰和'杜里奥'号战列舰,使这些军舰几个月不能参加战斗。我原以为元首会为此忧心如焚,然而他却泰然处之。看来,他当时没有充分认识到这次打击的严重性。"

在袭击塔兰托之后两星期,意大利坎皮奥尼将军没在斯帕提文角同萨默维尔将军率领的处于劣势的英国部队交战。究竟是这个原因,还是塔兰托遭到了攻击,引起了意大利海军指挥部的人事变

第四章　夜袭塔兰托

英国国王乔治六世

动，就不得而知了。当时，英国部队拥有"皇家方舟"号航空母舰，毋庸置疑，正是这一事实才促使坎皮奥尼决定避免同英国军队交战。

然而，不管是什么原因，12月8日，原来主管塔兰托基地的阿图罗·里卡迪尽管缺少海上经验，却接替多门尼考·卡瓦纳瑞担任海军参谋长；安吉洛·伊奇诺接替伊尼戈·坎皮奥尼担任舰队司令；坎皮奥尼则被任命为副参谋长。

塔兰托受到重创，使北非战场上的意大利士兵士气非常低落

  虽然意大利6艘战列舰中有3艘在一夜之间被迫退出战斗行列，但没有一艘损伤到无法修复的程度。"里多利奥"号战列舰于1941年3月底回到战斗行列。"杜里奥"号战列舰的修理工作到5月中也已完成。但是"加富尔伯爵"号战列舰在原地经过短暂的修理之后，直到1941年7月才上浮，随后被拖至的里雅斯特。直到1943年6月意大利签订停战协定时，"加富尔伯爵"号战列舰的修理工作仍未完成。

  两艘未受损伤的"维托里奥·维内托"号战列舰和"朱利奥·恺撒"号战列舰于次日驶往那不勒斯，后来又驶往拉斯佩齐亚。在这里,"安德烈亚·道里亚"号战列舰完成现代化改装后,于1月底加入了它们的行列。

但是,正如意大利海军将领贝诺蒂所指出的,意大利舰队这种重新部署,作为一个长久措施来说,是不可以接受的。他写道:"通过空中攻击的方式,敌人达到了迫使我海军的核心力量撤离南部水域,也就是说撤离它们最能发挥作用的地区的目的,而意大利舰队需要阻止英国海军部队在地中海的两个水域之间活动,这一点是不能忘记的。"

意大利空军战斗机

贝诺蒂对于空军没有指派任何兵力同舰队建立长期合作而感到痛心。舰队被迫分散部署在上第勒尼安海，这对他来说，缺乏空中支援的问题比以往更加突出了，而敌人却能够在意大利舰队活动的任何水域自由地行动。

这位意大利海军将领的评论，比丘吉尔和其他英国评论家的评论要现实得多，因为丘吉尔依然把战列舰视为海军力量的象征，然而在以后的战争岁月里，左右地中海战略的却是空中实力。

坎宁安不再需要对付一支优势的意大利战斗舰队了，但这远不如取得空中优势重要。在攻击塔兰托之后，坎宁安在获得制空权方面曾一度走运，尽管当时意大利空军在数量上处于优势。然而，好景不长，德国入侵英国失利以及意大利进攻希腊失败，促使德国海军总司令埃里奇·雷德尔再次请求希特勒允许他将注意力转至地中海。

德国这种做法后来给英国海军带来了不幸的后果。

★ "维内托"号战列舰

1934年10月28日，首舰"维内托"号战列舰在亚德里亚海联合造船厂开工；1937年7月25日，"维内托"号战列舰舰壳下水；1940年4月28日，"维内托"号战列舰竣工，成为自1916年以来，意大利建成的第一艘战列舰。同年5月1日，"维内托"号战列舰正式加入意大利海军服役。此时距意大利正式加入战争只有40天。

第四章 夜袭塔兰托

"维内托"号战列舰下水仪式

"维内托"号战列舰的建造周期是相当长的，这可能与意大利造船业缺乏经验和技术装备有关。如果"维内托"号战列舰能够早些服役，那么它或许能够在参战前就拥有足够数量训练有素的舰员，从而有更出色的战斗表现。

虽然"维内托"号战列舰赶在战争爆发前加入海军，它却因为训练不足的原因迟迟未能投入战斗。直到8月2日，"维内托"号战列舰才完成了一切战斗准备任务，可以编队出航。8月29日—9月6日间，英国海军在地中海掩护一支护航运输队增援马耳他。意大利海军参谋部获知情况后，命令其舰队从塔兰托和墨西拿出发，向以埃及亚历山大港为基地的英国地中海舰队发起挑战。

1940年11月11日夜,英国"光辉"号航空母舰出动两波21架"剑鱼"式鱼雷轰炸机空袭塔兰托港。英国飞机向"维内托"号战列舰发射了2枚鱼雷,但均未命中。但别的姐妹们可就没这么幸运了:"里多利奥"号战列舰和"杜利奥"号战列舰被重创,"加富尔伯爵"号战列舰彻底报废。

经历了这场浩劫后,意大利海军参谋部痛切地意识到,即使是在防护严密的军港内,也难以保证军舰不受英国航空兵威胁。为此,"维内托"号战列舰只好转移到北部的那不勒斯,那里位于英

彻底报废的"加富尔伯爵"号战列舰

国海军航空兵的作战半径之外，比较安全。

"维内托"号战列舰的维修工程一直持续了4个月。1941年8月，"维内托"号战列舰重新恢复现役。8月23日，"维内托"战列舰和"里多利奥"号战列舰率4艘巡洋舰出击，迎战从直布罗陀开来的"纳尔逊"号战列舰和"皇家方舟"号航空母舰。英舰队在侦察机发现意大利舰队后主动返航，意大利舰队遂返回塔兰托。

1941年12月初，在北非的轴心国军队已经难以抵挡英国军队的反击，意大利海军急需将兵员补给运输至利比亚。12月13日，意大利军组织了一支庞大的运输队出海，其中"维内托"号战列舰和"里多利奥"号战列舰被编入远程护航支援队。但是英国地中海舰队在海上活动的情报却让神经质的意大利海军参谋部担心不已，再加上已有2艘货船被英潜艇击沉，意大利海军最终决定放弃行动，编队各自返航。14日清晨"维内托"号战列舰行至墨西拿海峡的爱米角附近海域时，遭到英国"催促"号潜艇伏击。英潜艇用艇首鱼雷管向其发射3枚鱼雷，其中1枚命中左舷3号炮塔正下方，炸出了一个约13平方米的破洞。普列赛系统发挥了效能，吸收了绝大部分爆破能力，内层支撑隔板结构完整，没有丧失动力。但是大量的进水确是难以避免的，破洞处的3个主隔舱内进水合计约2032吨。最后，"维内托"号战列舰依靠自身动力返回塔兰托，但遭受了严重的损伤。直到1942年春天，"维内托"号战列舰才被修复。

1942年6月14日14点30分，"维内托"号战列舰和"里多利

德国空军飞行员给"梅塞施米特-109"式战斗机装炮弹

奥"号战列舰结伴从塔兰托港出航，准备拦截从亚历山大开往马耳他的英国运输队。15日凌晨3点40分，意大利舰群遭到皇家空军"惠灵顿"式轰炸机空袭，6点10分，又有9架"波弗特"式鱼雷轰炸机攻击，但是只有"特兰托"号巡洋舰被击中。到8点28分，意大利舰队仍然在继续向南挺进，距英国护航队仅150海里。不久，8架从埃及起飞的美国"B-24"式远程轰炸机在4000米高度轰炸了意大利战列舰。"里多利奥"号战列舰的前炮塔被命中一枚炸弹，但没有造成多大伤害，意大利舰队仍保持原航行，向目标接近。40分钟后另一队"波弗特"式飞机赶来空袭，但此时意大利舰队已获得空中掩护，德国空军的"梅塞施米特-109"式战斗机击落了2架英国飞机，击伤5了架英国飞机。其他英国飞机突破战斗机和高射炮火的拦截后，向意大利舰队投射鱼雷，但无一命中。

这次行动是"维内托"号战列舰和"里多利奥"号战列舰执行的最后一次出击任务，意大利海军面临的燃油危机越来越让人喘不过气来。1942年11月12日，"维内托"号战列舰和"里多利奥"号战列舰一道转移到那不勒斯，后来又于12月6日和"罗马"号战列舰驶往拉斯佩齐亚。

1943年4月19日，拉斯佩齐亚遭受猛烈空袭，"维内托"号战列舰侥幸未被击中。但是在6月5日的空袭中，"维内托"号战列舰还是被"B-17"式轰炸机投掷的450千克重型穿甲弹击中了。

由于拉斯佩齐亚实在太危险，"维内托"号战列舰开往热那亚进行维修。军舰修好后,"维内托"号战列舰回到拉斯佩齐亚并一直在那待到意大利退出战争。1943年9月9日凌晨3点,"维内托"号战列舰离开拉斯佩齐亚开往撒丁岛,意大利人希望在那里保留他们的国王和政府。但是德国人的入侵打破了意大利的美梦,意大利主力舰队离开撒丁岛向马耳他撤退,9月11日,"维内托"号战列舰平安抵达目的地。

9月14日,"维内托"号战列舰起航开往亚历山大港,于17日达到。一个月后,它沿苏伊士运河开进大苦湖。直到1946年2月6日"维内托"号战列舰返回意大利前,它一直待在那里。2月9日,"维内托"号返回了意大利,开进西西里岛的奥古斯特港。1947年10月14日,"维内托"号战列舰驶抵拉斯佩齐亚,于1948年1月3日正式退出现役。

尽管巴黎和会将"维内托"号战列舰作为意大利的战争赔偿赔给英国,但英国政府却允许意大利自行将其拆毁。

1948—1950年间,"维内托"号战列舰在拉斯佩齐亚解体。"维内托"号战列舰是第二次世界大战期间最活跃的意大利主力舰,它一共参加了56次作战任务,其中11次战斗出航,12次更换基地,并且进行了33次训练出航。"维内托"号战列舰的航海总里程为17970海里,耗时1056小时,燃油共计消耗20288吨。

第五章

无情"判决"

- ★ 复仇者来了！敌机选择"光辉"号航空母舰作为主要目标。12点38分，敌机开始了攻击。由3架飞机组成的飞行小组离开编队，一架从舰尾方向攻击，另外两架分别从两个正横方向攻击，动作十分协调。
- ★ 冒着厚厚的浓烟，身受重伤的"光辉"号航空母舰由3艘拖船拖带，驶过防波堤上的圣埃尔莫灯塔。
- ★ 塔兰托之战表明，飞机可以成为支配海上作战的决定性武器。一年之后，日本联合舰队偷袭珍珠港取得重大胜利，其作战方式，与夜袭塔兰托如出一辙。

1. 复仇者来了

11月20日，希特勒给他的轴心国伙伴写了一封长信，就改变地中海形势提出了许多建议，其中之一是"把德国空军部队调往地中海，与意大利空军共同对付英国舰队"。

后来，希特勒重申，他打算向意大利派出一支航空军，以削弱英国海军在地中海的优势地位。但是，他清楚地表明，他不准备派

"梅塞施米特-109"式战斗机

第五章 无情"判决"

德国"阿拉杜–196"式侦察机生产线

出德国军队去维持意大利在北非摇摇欲坠的地位。

1940年12月，由德国盖斯勒将军指挥的第10航空军先遣部队进驻意大利。到1941年1月初，德军已有330架飞机部署在卡塔尼亚、科米索、特拉巴尼、巴勒莫和勒佐加勒尼亚等机场上。这些飞机包括150架"容克尔–87B"式和"容克尔–88"式俯冲轰炸机、40架双引擎"梅塞施米特–109"式战斗机以及20架"道尼尔–18"式和"阿拉杜–196"式侦察机。

德军所有飞行员都有丰富的海上作战经验，特别是对舰攻击

"容克尔-87B"式俯冲轰炸机投弹瞬间

方面的经验。意大利空军没有什么值得自夸的地方，他们没有任何飞机能像"容克尔-87B"式俯冲轰炸机那样难以对付。德国这种俯冲轰炸机有一种致命的战术，即飞机飞到目标上空的大高度上，然后突然以刺耳的尖叫声垂直俯冲，并准确地投掷一枚450千克的炸弹。

此时，援助希腊，抗击意大利，成为英国地中海舰队主要任务之一。1941年1月，英国决定通过地中海由西向东派出一支代号为"超越"的军事运输队。这支运输队包括4艘船只，其中3艘装着为希腊军队提供的补给品，开赴比雷埃夫斯；另一艘也装着补给品，开赴马耳他。

按照惯例，这些运输船只由詹姆斯·萨默维尔指挥H舰队护送到西西里和突尼斯之间的狭窄水区，然后，在一支小型护航兵力的掩护下继续航行，在突尼斯海峡以东与坎宁安的舰队会合，此后的航行则由坎宁安安排。

趁此机会，地中海舰队总司令坎宁安组织了3支次要的运输队：一支由2艘船只组成，代号为MW-5.5，从亚历山大开往马耳他；另一支由2艘快速船只组成，代号为ME-5.5，从马耳他开往亚历山大；第三支由6艘慢速船只组成，代号为ME-6，从马耳他开往亚历山大。

3支运输队航行时间是这样安排的：当舰队向西航行时，MW-5.5运输队在舰队的掩护下航行；当舰队向东返航时，其余2支运

"南安普顿"号巡洋舰

输队则离开马耳他,其中2艘快速船只加入"超越"运输队,而ME-6运输队则沿南面的一条航线航行。

最危险的一段航程是通过西西里海峡那一段。在这里,船只容易受到来自撒丁岛和西西里敌方空军飞机的攻击,也可能遭受敌方潜艇和鱼雷快艇的攻击,还可能遭受意大利水面舰艇的攻击。

作为一种补充的预防措施,坎宁安告诉萨默维尔说,他将派"格洛斯特"号巡洋舰和"南安普顿"号巡洋舰前往撒丁岛以南同H舰队会合,以便在H舰队返回后为运输队提供补充掩护。

这样,在进入坎宁安舰队的掩护之前,运输队还需要航行130海里。这时,坎宁安舰队有"厌战"号战列舰和"勇士"号战列舰以及"光辉"号航空母舰。这些军舰在潘特莱里亚岛东南13海里处同运输队会合。

意大利舰队被迫分散后,客观上要求驻马耳他的英国空军部队在侦察方面做出更大努力。但萨默维尔和坎宁安由于对意大利水面舰艇的去向若明若暗,心中不免有某种程度的焦虑不安。

参加"超越"战役的几支部队按照计划航行。坎宁安的舰队于1月7日离开亚历山大港,但不久便被意大利人发现。

意大利人立即意识到要发生战争。

两天之后,当"格洛斯特"号巡洋舰和"南安普顿"号巡洋舰即将同H舰队会合时,英国舰队再次被意大利人发现。当天下午,10架意大利"萨沃亚79"式飞机对H舰队进行了轰炸,但没有成

意大利海军鱼雷快艇

功，2架飞机被"皇家方舟"号航空母舰上的战斗机击落。当晚，在H舰队返回之后，2艘意大利鱼雷快艇又发起了攻击。但攻击被英国海军击退了。意大利人损失了一艘鱼雷快艇。

10日8点，根据预定计划，运输队同坎宁安的舰队会合了。但不久，第一件不幸的事件发生了："勇猛"号驱逐舰的舰首被一颗水雷炸掉。在该舰被拖曳的过程中，2架意大利鱼雷飞机又对它进行了一次不成功的攻击。

10点30分，英国舰队被意大利侦察飞机发现。12点23分，又有2架意大利鱼雷轰炸机从45.7米的高度上实施攻击，在距英国战列舰2286米的距离投下了鱼雷，但英国战列舰轻易地避开了。当意大利飞机进行攻击时，正在舰队上空巡逻的4架"管鼻燕"式战斗机发现了入侵者，便猛扑过去，追击意大利飞机，一直把意大利飞机赶到舰队以西约17海里处。

其实，这不过是意大利军队一次攻击的序幕而已。正当3艘英国大型军舰重新编队之际，一个大型敌机编队正在接近。"光辉"号航空母舰上的控制部门立即召唤其战斗机，命令它们恢复舰队上空的巡逻。但有2架飞机报告它们的弹药已全部耗尽，另外2架的弹药也所剩无几。于是，12点34分，"光辉"号航空母舰改用迎风航向行驶，并再次派出4架"管鼻燕"式战斗机和2架"剑鱼"式鱼雷轰炸机进行空中巡逻和反潜巡逻。

就在那时，英国舰队发现了2个灵活的成疏开队形的敌机编队，

德国的"斯图卡"式俯冲轰炸机群

位于舰队后方大约 3658 米高度。英国人很快辨认出那是德国"斯图卡"式俯冲轰炸机。

复仇者来了！敌机选择"光辉"号航空母舰作为主要目标。12 点 38 分，德国飞机开始了攻击。由 3 架飞机组成的飞行小组离开编队，一架从舰尾方向攻击，另外两架分别从两个正横方向攻击，动作十分协调。有时，它们从 3658 米的高度垂直俯冲，在 457 米的高度投掷炸弹；有时，则盘旋下降至大约 1524 米的高度，然后进行俯冲、投弹；有时，它们的高度低到224米。

坎宁安在旗舰的舰桥上看呆了。他写道："无疑，我们正在观看到的是地地道道的能手，我们不能不钦佩敌机的飞行技术和动作的准确性。它们在攻击中极力使用直射距离投弹。当它们俯冲时，我们发现，有的飞机从'光辉'号航空母舰的飞行甲板上方掠过，其飞行高度低于舰上的烟囱。"航空母舰急剧地变换着航向，力图进行规避。但谈何容易！除非有两个中队的战斗机在上空驱散敌机编队，否则，"光辉"号航空母舰是难以得救的。

12点38分，一枚450千克的炸弹穿过"光辉"号航空母舰左舷第一号多管高射炮平台，撞坏这门炮，撞死2名炮手，然后又穿过火炮平台，碰到舰侧装甲上，掉进海里，没有爆炸。

一两秒钟之后，"光辉"号航空母舰第一次被直接命中。一枚450千克的炸弹正好投在舰首，炸弹穿过左舷的娱乐舱，从舰首外窗穿出，在水线上方约3米处爆炸。

弹片造成了严重损伤，舰首舱室有点进水。接着，一枚6千克的杀伤炸弹，差一点击中岛状上层建筑，而直接命中了右舷第2号多管高射炮。大部分炮手被炸死，炮的损伤很轻，但送弹盘里的弹药着了火。机动式起重机悬桁倒塌，撞坏了下面的SI多管高射炮。

不久，又有两枚炸弹几乎同时命中。这两枚炸弹或者都是225千克重，或者一枚225千克重，另一枚450千克重。一枚击中舰尾升降机的边端，即升降机右侧前角，穿透升降机，在升降机的底

第五章　无情"判决"

德国第10航空军士兵正在移动一架"斯图卡"式俯冲轰炸机

台上爆炸。另一枚击中升降机左侧边缘附近的升降机平台，并爆炸了。

这时，升降机正在 C 机库与飞行甲板之间的中点，上面还有一架"管鼻燕"式战斗机，飞机驾驶舱里正坐着一名飞机驾驶员。这两枚命中炸弹的威力合起来具有极大破坏性。升降机中的那架飞机炸碎了，驾驶员再也见不着了。机库中许多"剑鱼"式鱼雷轰炸机和 4 架"管鼻燕"式战斗机起了火。

由于爆炸和火灾，第 162 号和 166 号肋骨间的内部装置以及舵机上面的装甲都遭到了破坏。这一区域所有电线都被炸弹的弹片切断了。

更为糟糕的是，一枚近失弹同时在右舷尾附近爆炸，使舵舱进水，舵机损坏。军舰失去了控制，带着失灵的舵向左转圈子。消防组迅速投入工作，拉下防火帘进行灭火。

★近失弹

军事术语，指的是不直接击中对方的船只，但通过爆炸的碎片和冲击波也可以对敌舰造成伤害的炮弹。即坠落在战舰旁边海域、但是非常接近、在水中爆炸的冲击力非常高的，一种没能准确击中船体、或者击中船甲板但是直接击穿甲板、从侧面掉入水中的炸弹。

在后期，为了舰船能更好地在大海航行，船甲板下面的船舷已经不是向外张开的正梯形，而是一种倒梯形。所以如果边沿中弹，炸弹可能会击穿甲板，然后再击穿侧弦后直接掉到水中。不过这种炸弹一般延时引信能力不错，因此从过高的空中掉落时可以在没来得及爆炸时就击穿本来不厚的甲板了。

以近失弹距船体 4 米着水的条件，按弹种分有几种可能：一是穿甲弹，弹道低伸的话，舰体和龙骨必然受损，必沉；形成跳弹时，重创；射距较远时，弹道高且弯曲，弹体着水时形成近似垂落，有惊无险，但会受到较强震动。二是穿爆弹（一般采取延迟引

一名英国女兵开着满载炸弹的拖车

信），弹道低伸时，舰体和龙骨必然受损，必沉；形成跳弹时，重创；射距较远时，弹道高且弯曲，弹体着水时形成垂落，也是有惊无险，但会受到强烈震动。三是爆破弹（或高爆弹，一般采取瞬发引信），弹道低伸时，弹体着水瞬间爆炸，直接在水中命中或跳弹命中船体爆炸，船体必然受到直接打击而重创，必沉无疑，而且船体可能断裂；射距较远时，弹道高且弯曲，弹体着水时形成垂落，瞬间爆炸，船体在受到强烈的水上、水下冲击力之后，必然还受到水体的二次打击。

以深水炸弹来说，其对潜艇而言不仅是简单的爆炸伤害，而且还利用水比空气压缩比小这一原理，不但在爆炸时可以产生"冲"力，且在爆炸产生后，挤走的水又会迅速从四周涌回，从而产生二次效应。有人也称其为"水锤"效应。大口径舰炮的近失爆破弹大体上也是这个效果，有时甚至比直接命中造成的水线下部损伤更为严重，在空气中，冲击波会向四周迅速扩散，在水中则会造成一"挤"一"压"两次伤害，轻则舰壳弯曲开裂，重则立即断为数截，彻底完蛋。

2. 疯狂反扑

约在 12 点 42 分,一枚 450 千克的炸弹落在"光辉"号航空母舰岛状上层建筑和舰尾升降机之间飞行甲板的中线中端左侧 305 毫米处。炸弹穿过装甲,在装甲以下机库甲板以上约 610 毫米处爆炸,把机库甲板炸出一个约 18 平方米、深约 100 毫米的洞。

这枚炸弹使"光辉"号航空母舰又受到损伤,舰首升降机炸弯了,空气从那里猛向里灌,从而扇起了 C 机库内的火焰,舰尾升降机实际上也被炸掉了。机库内的金属防火帘炸碎了,碎片给消防人员造成了可怕的伤亡,喷雾灭火器操纵手在附近通道上来回奔跑。幸好,火势没蔓延到 B 机库,虽然 B 机库也受到炸弹爆炸的影响。

114 毫米火炮的弹药输送机炸坏了,弹盘上的一发炮弹爆炸了。戈英一直在右舷边的狭窄通道上观察这次攻击。此刻,他急忙跑下来帮忙。当发现领导损管组的军官已被炸死,戈英马上代理其职务。随后,其他驾驶员和观察员也进行协助。

3 枚近失弹给戈英造成进一步损伤,其中一枚在右舷舰尾爆炸,另一枚在左舷侧爆炸,在军官餐厅甲板上酿成火灾,并炸坏了照明和电源线。这枚炸弹进出的一块大弹片穿进了岛状上层建筑,把雷达、电罗经复示器和 20 英寸信号灯的电源线切断。第 3 枚近失弹在右舷侧爆炸，使皇家陆战队餐厅甲板起火。

在炸弹的爆炸声中，在弥漫的火焰和烟雾中，一架被击落的"容克尔-87B"式飞机掉进舰尾。这件事几乎无人发现。但是，燃烧的机身加重了炸弹所造成的大破坏。虽然锅炉舱和轮机舱没有受到破坏，但上面的烈火中冒出的烟雾和化学气味却是一种严重的威胁。烟雾和化学气味被锅炉鼓风机抽了进来，这对燃料的燃烧固然不可缺少，却使舱室里的人员几乎难以停留。司炉们用湿布捂着嘴呼吸，加之上面的甲板被大火烤得炽热，散发出高温，使他们口干舌焦，只好饮用辅助泵中的水来解渴。司炉们这样坚守工作岗位长

在航空母舰甲板上的"管鼻燕"式战斗机

第五章 无情"判决"

达两小时之久。

到13点3分，蒸汽舵机已经修复，军舰恢复操控。13点13分，航速增至26节。13点30分，当"光辉"号航空母舰位于战列舰东北8海里处，而"厌战"号战列舰和"勇士"号战列舰位于"超越"运输队以南差不多同样距离时，又一次高空轰炸开始了。

这次轰炸是由意大利飞机实施的，可能得到了德国第10航空军一些飞机的加强协助，有7架意大利飞机攻击2艘战列舰，另有7架意大利飞机攻击"光辉"号航空母舰，还有3架意大利飞机攻击运输队，攻击的高度为4267米。但是，炸弹没有命中。

根据陆续收到的报告，博伊德清楚地了解到，他的军舰已遭重创。火舌从舰尾升降机口喷出，舰后部的舱室一片火海。他决定让军舰以尽快地航速驶往马耳他。对此，坎宁安完全同意，并派出2艘驱逐舰护送。

13点35分，舵机又坏了，在以后一小时内，"光辉"号航空母舰向目的地蹒跚行驶。到14点48分，"光辉"号航空母舰用主机操纵。航行顺利，航向110°，航速14节。舰内，在副舰长杰拉尔德·塔克指挥下，一场扑灭火灾的英勇战斗正在进行。

16点10分，敌人再次攻击。15架"容克尔"式飞机在5架战斗机掩护下飞临"光辉"号航空母舰上空，企图进行一次致命性的打击。幸亏英军收到了从战列舰雷达发来的警报，敌机遭到了已在马耳他加了油、装了弹的"管鼻燕"式战斗机的迎击，只有9架敌机得以进入攻击。

到那时,"光辉"号航空母舰上6门多管高射炮中的5门和全部4个舰首114毫米火炮的炮塔均已修复。但4座114毫米火炮炮塔的电源线已被炸断,无法修复。同以前一样,敌人从舰尾、两舷后部和右正横方向实施攻击。

博伊德说:"这次攻击与12点40分那次攻击截然不同,敌机不仅未能密切协同,而且也没有那样勇敢坚决。"然而,"光辉"号航空母舰却中了一弹,另有一枚近失弹爆炸使该舰受到进一步的损伤,造成了人员严重伤亡。估计命中的那枚炸弹为450千克重,正好落在舰尾升降机处,炸中了舰尾送弹机。

军官集会室的人,有的被炸死,有的受重伤。在军官集会室饮茶的军官全被炸死,舰后部完全笼罩在一片黑烟之中。很多消防人员也被炸死,但炸弹爆炸的气浪也冲灭了一些火焰。戈英负重伤,迫不得已要截去一个下肢。

片刻之后,舰尾附近又爆炸了一枚近失弹,舵机舱又进了水,后甲板上临时救护所里的人员全部被炸死。另一枚近失弹在岛状上层建筑附近的海上爆炸,只炸坏了岛状上层建筑的表层。

到16点31分,最后一架敌机消失了。但消防工作一直在进行,直到"光辉"号航空母舰停泊在马耳他船厂许久之后,火才最终被扑灭下去。火焰曾威胁到弹药舱,舰上人员请求博伊德下令向弹药舱灌水。考虑到敌人可能再次实施攻击,他决定冒这一次险,没有下令。

　　他的决定完全正确。19点20分,当这艘受重伤的军舰距离大港入口只有8000米时,敌人又对它进行了一次攻击,企图一举将它击沉。当时,太阳已落山,月亮正在升起,2架鱼雷轰炸机从海上方向飞来。敌机遭到了航空母舰和掩护它的2艘军舰的火力的拦击,被迫保持在安全距离上。21点4分,"光辉"号航空母舰由3艘拖船拖带,驶过圣埃尔莫灯塔,快速驶往帕尔拉托瑞奥码头。

　　"光辉"号航空母舰总共中了7颗炸弹,一颗没有爆炸,一颗在舰外爆炸。此外,还有5枚近失弹和1架敌机坠落在舰上。

"光辉"号航空母舰受到德军轰炸

炸毁该舰后部的4枚炸弹均落在无装甲防护的舱面上，而穿透甲板的那枚炸弹，则是落在机舱后面。舰上完整的水密结构只受到弹片穿洞的影响。舵机的损伤造成了极大不便，但锅炉舱的人员忠于职守，航空母舰避免了在关键的时刻停摆。

敌机的轰炸使航空母舰的舰员遭到了重大伤亡。全舰有83名官兵牺牲，60名受重伤，40名轻伤。在袭击塔兰托的飞行人员中牺牲的有：L4K飞机的驾驶员肯普、L4F飞机的驾驶员斯克尔顿海军上尉和观察员珀金斯。

此外，被炸死的还有L5F飞机的驾驶员克利福德、L4H飞机的观察员马德尔·费瑞洛海军中尉和L4R飞机的观察员雷。然而，敌人也付出了代价。"光辉"号航空母舰的"管鼻燕"式战斗机在已获得荣誉的基础上又击落大约7架敌机，舰炮也击落了敌机6架。

马耳他岛上的15架英国空军的"飓风"式战斗机在护航活动中已得到18架飞机协助，使攻击者付出了重大代价。

还有一点值得提及的是，马耳他船厂的工人不顾空袭危险抢修"光辉"号航空母舰。"光辉"号航空母舰最终得以修复出海，并于1月23日17点46分在敌人不注意的情况下悄然驶出大港，然后以24节的航速向东航行。

1月25日13点30分，"光辉"号抵达亚历山大港。经过进一步的修理后，"光辉"号航空母舰在塔克指挥下通过苏伊士运河，绕过好望角，安全到达弗吉尼亚州的诺福克，并在这里进行了彻底

第五章 无情"判决"

修复后的"光辉"号航空母舰重新出海，上面搭载"管鼻燕"式舰载战斗机

的改装和修理。

★ "管鼻燕"式舰载战斗机

"管鼻燕"式舰载战斗机是英国皇家海军拥有的第一种火力和重量都可与英国皇家空军拥有的"飓风"式飞机和"喷火"式飞机匹敌的战斗机，由费尔雷公司研制。虽然它的设计已经略显过时，但是它为英国皇家海军提供了一种可靠、坚固和大航程的多用战斗机。

战争期间，共有600架"管鼻燕"式飞机被生产出来，除了少量装备英国皇家海军外，绝大部分都在舰队航空兵中服役。由于速度较慢，它在1942年后逐渐被先进的"海喷火"式飞机取代。

让人惊讶的是，英国皇家舰队航空兵在第二次世界大战中有三分之一的击落战果是"管鼻燕"式飞机取得的。尤其在"支座"行动中，驻扎在"鹰"号航空母舰、"可畏"号航空母舰和"光辉"号航空母舰上的"管鼻燕"式飞机击落了许多敌机，为行动的胜利做出了杰出的贡献。

3. 不失典范

英国军队夜袭塔兰托事件后，意大利海军的主力舰遭到惨重损失，海军兵力损失一半以上，而英国仅出动21架飞机，耗费65分钟时间，击沉了1艘战列舰，击伤了2艘战列舰、2艘巡洋舰。英军付出的代价仅仅是11枚磁性引信鱼雷、52枚穿甲炸弹和两架"剑鱼"式飞机，其战果超过了日德兰海战时英国主力舰队歼灭的德国军舰之和。这次成功突袭向世人初次显示了英国航空母舰航空兵的巨大作战潜力。

在塔兰托遭到袭击后，意大利海军被迫将幸存的军舰撤离塔兰托，分散部署到第勒尼安海沿岸各港口。它们只能在西地中海活动，而不能在东地中海活动了。塔兰托之战的胜利，使地中海海军力量的对比发生改变。意大利海军此后再未恢复元气。

众所周知，英国参加第二次世界大战时，航空母舰的实力是不充足的，而且英国人相信，在海军的战斗中火炮乃是起决定性作用的武器。一般说来，在第二次世界大战的最初阶段，在北部海域，舰载战斗机在远距离截击敌人攻击舰队的轰炸机编队方面收效甚微。

1939年和1940年服役的"贼鸥"式战斗机和"斗士"式战斗

机，在攻击德国的"容克尔-87"式飞机和"亨克尔-111"式飞机（主要用于攻击舰艇）时速度不够；而当"容克尔-88"式服役时，英国的战斗机则完全落后了。

意大利参战后，英国更加迫切需要优良的舰载战斗机，因为它必须对那些穿过地中海，特别是通过西西里和北非海岸之间的狭窄水域的运输队提供掩护——这些运输队是为马耳他和中东运送军队和补给品的。

幸亏在对意大利宣战时，英国航空母舰新式战斗机——"管鼻燕"式战斗机装备了部队，而且于1940年8月，由"光辉"号航空母舰运到地中海。由于英国军队这种新式飞机和雷达的使用，以及战斗机使用方法日益改进，意大利的轰炸机和鱼雷飞机并没有取得多大的战绩。然而，最重要的是，"管鼻燕"式战斗机阻止了意大利侦察飞机跟踪英国舰队，从而为英国地中海舰队袭击塔兰托创造了有利条件。

夜袭塔兰托使在北非作战的英国军队时来运转。

大约一个月的光景，坎宁安舰队攻击意大利运送补给的船只接连得手。英国满载军需物资的船队也平安开抵埃及。1940年12月9日，英国军队在给养充足的情况下发起反攻，将元气大伤的意大利部队打得溃不成军。

夜袭塔兰托在航空母舰战史上占有十分重要的地位。它"首次说明了鱼雷轰炸机在攻击坚固设防基地内的舰艇方面具有极大潜

北非战场上被英军俘虏的意大利士兵

力",并从总体上证明了航空母舰的战斗力。它表明飞机可以成为支配海上作战的决定性武器。

塔兰托奇袭成功之后,日本驻罗马的海军武官,立即向国内发去了此次作战的详细情报,特别描述了英国军队鱼雷攻击机采用的高空巡航、俯冲目标、超低空掠水投放鱼雷的战术。一年后,日本偷袭珍珠港的作战方式,同夜袭塔兰托如出一辙。

总结起来,英国军队取得"辉煌胜利"的原因主要有四点:

一是先进的军事观念和理论指导。以坎宁安为代表的英国军队将领,通过20世纪30年代的几次演习和实战,敏锐地察觉到航空兵对于海军决定性的作用，大胆地决定以舰载航空兵为主力突击锚泊在港口内的意大利军队舰队。

舰载航空兵攻击停泊在港口舰队的成功，实际上是先进军事观念和理论的胜利，因为意大利海军根本没有料到英国军队会采取这种方式实施突击。所以，尽管意大利有密集的防空火力配置，却被英国军队区区21架老式双翼机打了个措手不及。

英国航母编队

二是周密细致的战前准备。英国军队进行了长时间的筹划和准备，对参战飞行员和飞机进行了针对性训练和改装，使之更适应此次作战。战前空中侦察也比较得力，马耳他岸基航空兵多次进行了航空侦察，提供了准确的情报，保障了指挥员确立作战决心。在条件尚不成熟的情况下，他们宁可一再延期也不贸然出击，力求一击即中，一举得手。

三是有效的战术欺骗。英国军队采取多种措施竭力隐蔽真实企图，为此，地中海舰队和H舰队的活动异常活跃，运输船队也大举出动，造成了地中海舰队主力是为运输船队护航的假象，干扰迷惑了意大利军队指挥机关的正确判断，以至英国军队舰队在海上航行了5个昼夜，竟没有让意大利军队发现其真实意图，塔兰托军港甚至没有进入高级别的戒备状态。

最具讽刺意味的是，11月11日当天，意大利还出动了88架战机对英国本土进行轰炸，却没有想到出动飞机保护自己至关重要的舰队。

四是意大利人的疏于防范。应该说，意大利军队对塔兰托的防御还是相当重视的。部署有21个战力强大的90毫米高射炮连，其中8个连部署在港内的浮动平台上，加上军舰上的对空炮火，总共多达300余门高炮和84挺高射机枪，防空火力几乎可以覆盖整个港区。辅助防御设施还有22个探照灯，90个拦阻气球。高炮、探照灯、拦阻气球，构成完整的防空系统，完全称得上固若金汤。

经典 百年海战大观 塔兰托之夜

二战时期，英国最早使用的雷达

但由于缺乏雷达，高炮部队的夜战能力较弱；探照灯虽然数量不少，但部署的位置却漫不经心，以至于不能很好地引导高炮部队进行射击；虽然入港航道上设有反潜网，军舰周围还有防雷网，但是由于准备不足，战备松弛，防雷网不够用，因此深度仅8米，而且只铺设了4200米，仅占全部的三分之一。

英国军队就充分利用这一点，将鱼雷深度设定为10米左右，刚好能够穿过防雷网，以磁性引信使鱼雷在军舰底部爆炸，对军舰的危害惊人。

最要命的是对英国军队阻碍最大的90个拦阻气球，在11月初的风暴中居然忘记了收回，结果损毁三分之二，只有27个还能发挥作用，如此巨大的损耗，意大利人却没有及时补充整修。对于意大利人来说最为幸运的是，英国军队在此次突袭行动中只投入了一艘航空母舰，如果投入两艘航空母舰，以意大利人当时的安逸状态，必将给庞大的意水面舰队以毁灭性的打击。

夜袭塔兰托的成功，改变了长期以来那种认为舰载飞机不如陆基飞机的看法。另外，战争期间航空母舰损失的数量极少（共8艘），这也驳倒了那种所谓航空母舰最易遭受损伤的妄言。

直到第二次世界大战之初，航空母舰在海军作战方面仍然处于辅助地位。当时人们认为战列舰的装甲厚、火炮口径大，而航空母舰没经过海战的考验，且初期建造的航空母舰的底部装甲不太厚，各种战术技术性能也不太高。即使拥有航空母舰的国家，仍将战列

二战初期，德国建造的当时世界上吨位最大的战列舰"俾斯麦"号

舰和巡洋舰等作为海战的核心，把航空母舰列于其后的位置。各国造舰的重点仍然放在大型战列舰和巡洋舰上。

第二次世界大战结束迄今已近70年，对于任何一支在岸基飞机的航程以外活动的海上力量来说，舰载机依然是不可缺少的一部分，特别是在部署反潜兵力的情况下如此，因为直升机是潜艇的最大敌人。如果我们避开使用核武器不谈，那么没有任何理由可以否定航空母舰作为浮动机场所具有的价值。

★ "皇家方舟"号航空母舰

"皇家方舟"号航空母舰是英国皇家海军在第二次世界大战前全新设计的航空母舰，开创了现代航空母舰的新纪元。在第二次世界大战期间，它参加的最著名的战斗是在围歼"俾斯麦"号战列舰战役中击毁其方向舵，为英国海军舰队最后击沉该舰赢得了先机。

英国皇家海军历史上有多艘用"皇家方舟"命名的军舰，其中英国皇家海军历史上有3艘用"皇家方舟"命名的航空母舰："皇家方舟"号航空母舰（1937年），"皇家方舟"号航空母舰（鹰级），"皇家方舟"号航空母舰（无敌级）。

1934年英国批准拨款建造一艘新式舰队航空母舰，在《限制海军军备条约》对航空母舰的限制范围内制定了设计方案，成为英国海军后续建造航空母舰的原型。

1935年9月开工建造，1937年下水时命名为"皇家方舟"号，

经典 百年海战大观 塔兰托之夜

"皇家方舟"号航空母舰

1938年完工服役。船型长宽比例为7.6∶1,考虑到在大西洋的恶劣海况,舰体采用高干舷,舰首设计成封闭型,两层封闭式机库包括在舰体结构中,并将飞行甲板作为强力甲板,这是英国与同期美国、日本设计的航空母舰的不同之处。舰体大量采用焊接工艺节省结构重量。飞行甲板在舰首和舰尾加装了向下倾斜的外伸板,尽量扩大飞行甲板面积,前端安装两台液压弹射器,有3部升降机。升降机有两个平台在飞行甲板与两层机库之间分别运行,作业烦琐。舰桥、烟囱一体化的岛式上层建筑位于右舷。侧舷以及下层机库甲板要害部位铺设有装甲,可抵御225千克炸弹的攻击。

第二次世界大战开始时,"皇家方舟"号航空母舰是英国皇家海军最先进的航空母舰。第二次世界大战中,1940年4月投入挪威战役,"皇家方舟"号航空母舰的俯冲轰炸机炸沉了一艘德国轻巡洋舰。1940年7月随英国舰队攻击阿尔及利亚米尔斯比尔泊地的法国舰队。战争期间,"皇家方舟"号航空母舰主要在地中海掩护运输船队。

1941年11月13日"皇家方舟"号航空母舰在运载飞机到马耳他岛后,返回直布罗陀50海里处被德国潜艇发射的一枚鱼雷命中,损管失利沉没。沉没位置位于直布罗陀东130海里处。